Emil Steinberger

Emil via New York

Ein Schweizer, der schon seit vielen Jahren in New York lebt, sagte mir einmal, dass ich blauäugig sei. Er hätte diesen Eindruck, seitdem er meine Amerikakolumnen gelesen habe. Amerika sei doch ganz anders, als ich es schildere, nämlich grausam und gemein. Erst wenn man mit der Polizei und den Behörden zu tun gehabt habe, könne man sich ein Urteil über die wahre Mentalität der Amerikaner erlauben. Er hätte diesbezüglich ganz schlimme Erfahrungen gemacht.
Auf meine Frage, wieso er denn in Amerika lebe, antwortete er wie aus der Pistole geschossen:
»Weil's mir hier gefällt.«

Inhaltsverzeichnis

★ ★ ★ Piiiiiep!

Dezember 1993. Ich legte am Flughafen Zürich-Kloten bei der Gepäck- und Personenkontrolle meine beiden Taschen aufs schwarze Förderband. Sie verschwanden sofort durch einen Gummivorhang im Röntgengerät. Danach marschierte ich durch die elektronische Sicherheitsschleuse. Obwohl ich immer den Schlüsselbund in den Hosentaschen und Kreditkarten im Portemonnaie habe und eine Brille mit Metallgestell trage, hatte diese Durchleuchtungselektronik bei mir bisher noch nie einen Ton von sich gegeben.

Heute sollte sich das ändern: »Piiiiiep!«

Kommentarlos und mit einer Selbstverständlichkeit hielt mir der Kontrollbeamte eine Plastikschale hin, was so viel heissen sollte wie: »Bitte alle Metallgegenstände hineinlegen!«

Okay, warum nicht! Ich legte den Schlüsselbund ins Körbchen.

Vielleicht ist ja in letzter Zeit die Sensibilität der Elektronik erhöht worden oder es herrschte eine besondere Alarmstufe.

Ich wiederholte den Gang durch die elektronische Schleuse.

»Piiiiiep«, machte es wieder. Etwas verdutzt schaute mich der Beamte an, ich ihn vermutlich auch.

Und jetzt? Was kann ich denn noch ins Körbchen legen? Er bat um meinen Geldbeutel. Gesagt, getan. Wieder marschierte ich selbstbewusst durch das Tor, denn ich hatte ja nichts zu verbergen. Die Elektronik war da aber anderer Meinung: »Piiiiiep!«

Der Beamte nahm meinen Bauch ins Visier. Was sollte denn das jetzt heissen? Verdächtigte er etwa meine metallene Gürtelschnalle oder suchte er meinen Colt? Ich zog also den Gürtel durch die Laschen und legte ihn ins Körbchen.

Hinter mir waren plötzlich Kommentare zu hören! Ich hatte gar nicht bemerkt, dass sich dort schon eine lange Warteschlange von Reisenden gebildet hatte.

»Gibt das en neui Emil-Nummere?« rief einer laut.

Es war mir richtig peinlich und bestärkte mich noch einmal in meinem Vorhaben, das Land vorübergehend zu verlassen, um ein Mister Nobody zu werden.

Auch am Gürtel hatte es nicht gelegen. Was sollte ich dem Mann denn noch aushändigen? Die Brille lag auch schon in der Plastikschale. Ich hatte keinen anderen festen Gegenstand mehr bei mir. Unter dem Gelächter der ungeduldigen Reisenden stellte ich mich nochmals vor das elektronische Tor. Als ich den rechten Fuss anhob und ausstreckte, um erneut den Kontrollgang zu wagen, begann es sofort zu piepsen. Der Lederschuh? Die Schnürsenkel?

Der Kontrolleur guckte mich mit glänzenden Augen an und sagte »Aha!«, stolz darauf, dass seine Anlage absolut einwandfrei funktioniert hatte.

»Es gibt Schuhe, die über mehrere Jahre hinweg immer ihre Form behalten. Wissen Sie woran das liegt? Man baut in die Schuhsohlen Metallplatten ein«, erklärte er mir.

Damit sich alle Wartenden von meiner Unschuld überzeugen konnten, rief ich ihnen zu:

»Es war nur der Schuh!« worauf noch einmal ein

Lachen ertönte und ich mir fast wie auf einer Bühne vorkam.

Der Flug nach New York war zum Einsteigen bereit.

New York: Zentrum der Mafia, Paradies der Kriminellen. New York, mit seinen einsamen, dunklen Strassen und seinen überall lauernden Drogenhändlern und Kleinkriminellen. New York – wie auch immer man dich nennt –, ich komme! Aber Vorsicht! Ich trage meine Waffe – im Schuh!

★ ★ ★ Aufbrechen

Sie können die folgenden paar Seiten ruhig überspringen, denn ich erkläre hier nur noch einmal, warum ich 1993 die Schweiz verlassen und wieso ich ausgerechnet New York als Aufenthaltsort aufgesucht habe.

In so vielen Zeitungsinterviews, Talk-Shows und Radioberichten musste ich immer wieder die gleichen Fragen beantworten. Heute, im Jahre 2001, zwei Jahre nach meiner Rückkehr aus den USA, muss ich bei Interviews immer noch erklären, warum ich 1993 so gehandelt habe. Bestimmt kennen Sie meine Antworten bereits auswendig. Das tut mir direkt leid, aber ich kann ja nichts dafür, wenn die Interviewer nicht in andere Gebiete vorstossen wollen. Ich würde gern über ganz andere Themen schwatzen, aber es soll wohl nicht so sein.

Sicherlich wissen Sie, dass ich 1987 zum letzten Mal im Programm »Feuerabend« meine Bühnenfigur, den *Emil*, gespielt habe. Diese Vorstellung fand in der französischen Schweiz, auf Französisch, in einem alten, grossen Theaterhaus aus Holz, im *Théâtre du Jorat*, in Mézières im Kanton Waadt statt. Damals war ich 54 Jahre alt.

Ganz unerwartet folgten auf diesen Einschnitt sehr arbeitsintensive Jahre, da ich mit interessanten Aufträgen aus der Werbebranche konfrontiert wurde. In den kommenden Jahren kreierte und realisierte ich also, wie aus heiterem Himmel, über hundert TV-Spots: für *Melitta*-Filter und -Kaffee, für *Fisherman's Friend*, für *Bico*-Matratzen und andere Produkte.

Als ich dann 1992 in Köln eine grosse Pop-Art-Ausstellung besuchte, spürte ich den Wunsch, wieder vermehrt zu zeichnen und zu malen. Ich beschloss also, die TV-Werbung an den Nagel zu hängen, und erklärte das Jahr 1993, in dem ich 60 Jahre alt werden sollte, zu einem Jahr der *Einkehr.* Vier Wörter, die alle mit dem Buchstaben *L* beginnen, sollten mein Ziel markieren: läse, lose, luege, lehre (lesen, hören, schauen, lernen).

Doch kaum hatte dieses Jahr begonnen, war es auch schon wieder Sommer. Von den vier *L*'s hatte ich in meinem persönlichen Sabbatjahr noch nichts gespürt. Ich wurde mit verschiedensten Angeboten überhäuft und war ständig auf Trab. Keine Zeit für die nötige Musse, keine kreative Pause, kein schöpferisches Gestalten. Ich konnte das Büro kaum noch verlassen und wusste oft gar nicht mehr, wo ich mit der Arbeit anfangen sollte.

Ich erinnere mich noch genau, dass ich eines Tages, als ich nahe am Verzweifeln war, weil ich keine Ordnung mehr in die Sachen bringen konnte, die Büro- und Haustüre hinter mir zuschloss und ohne Ziel mit dem Auto davonfuhr. Weg von hier! Das war mein einziger Gedanke. Nach 20 Kilometern, in Beckenried, machte ich einen Halt und bestellte mir im Hotel Rigi einen Kaffee. Wie üblich, wurde der Zucker in einem kleinen Papiertütchen gereicht. Auf der Tüte entdeckte ich einen Spruch: *»Du sollst den Tag nach dem Licht der Sterne richten und nicht nach den Lichtern jedes vorbeifahrenden Schiffes!«* Diese Botschaft verdutzte mich. Sie passte haargenau auf meine Situation. Mit anderen Worten sollte das heissen, Emil, konzentriere dich auf grosse, wichtige Aufgaben und sage konsequent die kleinen, belanglosen Wünsche ab, auch deine eigenen! Natürlich war mir klar, dass es mir nicht leicht fallen würde, Absagen zu erteilen, da ich weiss, wie hart es sein kann, eine Absage zu erhalten, aber ich wollte lernen, meine Tage wieder nach dem Licht der Sterne auszurichten. Ich stieg in mein Auto und fuhr zurück ins Büro, den guten Vorsatz im Kopf und auch meine vier L im Hinterkopf.

Was aber in den folgenden Tagen an Aufgaben, Aufträgen, Wünschen und Ideen an mich herangetragen wurde, brachte das Fass endgültig zum Überlaufen. Ich habe damals auf einem Blatt Papier notiert, was innerhalb von nur einer Woche über mich hereinstürzte und mich fast zur Verzweiflung brachte:

Ich muss gestehen, ich halte es beinahe nicht mehr aus. Ich glaube, ich muss fliehen. Menschen bitten um Geld, Menschen brauchen Hilfe, Menschen brauchen Beratung, Menschen wollen, dass ich dabei bin, bei Festen, Vernissagen, Feiern. Menschen wollen, dass ich für sie schreibe, für sie telefoniere, sie wollen Gegenstände von mir, wollen Ideen von mir, wollen meinen Namen für Sammlungen, Geld für Russland, Rumänien, Indien, für Schulhäuser, Brunnen …

Schüler wollen für Interviews vorbeikommen, wollen, dass ich in ihrer Schule vorbeikomme, ein Peter aus XY möchte einfach mal mit mir telefonieren, der Coach eines Fussballclubs möchte mich bei der 120-Jahrfeier dabei haben, der Maler K. möchte mich bei der Vernissage dabei haben, ein Vater bittet mich, in die Theaterpremiere zu kommen, da seine Tochter Regie mache, ein Freund wird 60, ein Kunde wird 50, die Kiosk-Leitung möchte den Kiosk-Sketch ihren Mitarbeitern vorführen, in Deutschland will man mir einen Preis überreichen, aber ich müsste ein einstündiges Emil-Programm spielen, man bittet mich, einen Musical-Text zu lesen und zu beurteilen, ein Clown fragt nach einem Vertrieb für seine Videos, ein ehemaliger Kunstgewerbemitschüler ruft an und sagt, dass er verhungere, ein unbekannter Mann aus einer Nervenheilanstalt schreibt, er möchte mit mir Gedanken austauschen, ein Fabrik-Betriebskomitee möchte, dass ich für das Betriebsfest ein paar Nummern schreibe, die UNO-Flüchtlingshilfe möchte mich nach Moçambique schicken, um auf die Flüchtlings-Zustände aufmerksam zu machen, da die Presse nur darüber schreibt, wenn sich Prominente dort ablichten lassen und arme Kinder auf den Schoss nehmen. Eine Werbeagentur ruft an, möchte für den Abstimmungskampf ein paar Zeilen von mir, eine Rasierapparatefirma schickt den neuesten Apparat und bittet um Beurteilung, eine 85-jährige Frau aus München möchte mich einmal treffen, eine Künstleragentur bittet mich, eine Verbindung zum Stadttheater herzustellen, ein Verband möchte, dass ich Gedanken über das Überhandnehmen von Gewalt bei Jugendlichen zu Papier bringe, ein Kabarettist aus Deutschland will, dass ich seine Vorstellung anschaue, um dann Regie zu machen, eine Hotelfachschule möchte, dass ich zum Jubiläum der Schule zehn Minuten etwas in eine Videokamera spreche, die internationale Hundeausstellung möchte mich als Moderator für ihren Unterhaltungsabend engagieren, eine unbekannte Frau aus der französischen Schweiz bittet mich, in ihrer Gemeinde vorstellig zu werden, weil sie die Unterlagen für die Erbschaft nicht ausgehändigt bekomme.

Jetzt sind Sie dran, liebe Leserin, lieber Leser. Wie würden Sie mit so einer Situation umgehen? Die vier L rückten jedenfalls für mich in unerreichbare Ferne. Ich glaubte aber, nach 30 Jahren Kabarettspiels, gleichzeitigem Leiten eines Grafikerbüros, eines Theaters, zweier Kinos, nach einer KNIE-Tournee und mehreren Filmen ein Recht zu haben, einmal an mich zu denken.

So geht es nicht mehr weiter! dachte ich. Jetzt muss etwas geschehen! Ich realisierte schnell, dass es nur einen Weg für mich gab, diesem Dilemma zu entkommen: für längere Zeit verschwinden.

Aber wohin? Nach Paris? Nein, viel zu nah! Ich hörte schon den Satz meiner möglichen Auftraggeber:

»Aber Herr Steinberger, in einer Stunde können Sie doch mit dem Flugzeug schon bei uns sein!«

London? Das wäre dasselbe in Grün. New York? Ja genau, da wäre ich inmitten von sieben Millionen Einwohnern ein richtiger Mister Nobody und könnte das grosse kulturelle Angebot geniessen. Dieser Gedanke liess mich nicht mehr los, und bereits nach drei Stunden war mein Entschluss definitiv: Ende Jahr breche ich auf!

Die Freude über meinen mutigen Entscheid war so gross, dass sie bis zu meiner Abreise im Dezember anhielt.

★ ★ ★ Du darfst!

Wenn junge Menschen den Wunsch äussern, einen Auslandsaufenthalt zu machen, ernten sie Beifall und werden in ihrem Vorhaben unterstützt, denn es wird geschätzt, dass sie Sprachen studieren und die Welt kennen lernen wollen und jeder prophezeit ihnen, dass es sich später im Beruf einmal auszahlen werde.

Wie ist das aber, wenn einer, der bald Rentner wird, sich das Vergnügen leisten will, ins Ausland zu gehen?

Eigentlich sollte es auch da keine negativen Reaktionen geben. In meinem Fall war das aber anders.

Sofort nachdem ich bekannt gegeben hatte, dass ich für eine gewisse Zeit nach New York gehen wolle, lancierte eine Zeitung die knallharte Headline: »Emil wandert aus!«

Aber nein, das hatte ich doch gar nicht gesagt! Das würde ja bedeuten, dass ich mit meinem ganzen Hab und Gut der Schweiz für immer den Rücken kehren wollte. Ich bat die Schweizerische Depeschenagentur, sofort eine Korrektur-Meldung in Umlauf zu bringen:

»Emil wandert nicht aus, er wünscht sich nur eine vorübergehende Luftveränderung.«

Aber so einfach war das Problem nicht zu lösen. Eine Schweizer Zeitung fand es gar nicht fair von mir, dass ich mich einfach aus dem Staub machen wolle. So erhob sie *Einspruch* und stellte ihren Lesern die Frage:

»Ist es richtig, dass Emil defintiv in die USA auswandert?«

Es folgten Kommentare, wie »ein klassischer Fall von Heimatmüdigkeit«, »der Preis der Popularität«,

»Emil war unzufrieden mit den Zuständen in der Schweiz« und »Emil fühlt sich missverstanden«.

Eine Redaktion gab dann noch zwei *Experten* das Wort, einem Kabarettisten und einem Theatermanager. Der erste fand es gut und absolut richtig, dass Emil auswandere und »herausfinden wolle, ob er sich anderswo nicht nur als Kabarettist, sondern auch als Normalperson behaupten könne …«

Der Theaterproduzent hingegen schrieb, dass ich in verschiedenen Fernsehauftritten immer unkonventionelle Meinungen geäussert hätte und mich für das Land engagieren wollte, aber niemand auf mich gehört habe. Dieses Nicht-Verstandenwerden sei der tiefere Grund für meine Umsiedlung: »Versuchen wir Emil zurückzuholen und veranstalten wir mit ihm *Denkstunden* über die Probleme der heutigen Schweiz. Er hat diesem Land viel zu sagen.«

Nun wurden die Leser dazu aufgerufen, darüber abzustimmen, ob ich mich in New York niederlassen dürfe oder nicht.

Mit 54 zu 46 Prozent der Stimmen kam ein knappes »Ja« zustande. Was wäre wohl geschehen, wenn die Nein-Stimmen überwogen hätten? Ja, genau, Sie haben es erraten, ich hätte mein Flugticket *nicht* zurückgegeben.

Natürlich war es ein schönes und sympathisches Zeichen, dass man über meinen Wegzug nicht so erfreut war. Aber es gab auch andere Reaktionen, die mir teilweise ganz schön unter die Haut gingen: »Ich werde nie mehr wegen Ihnen lachen«, oder: »Wir sind enttäuscht, dass Sie nun das Geld, das Sie in der Schweiz verdient haben in New York mit grosser Kelle ausgeben«, oder: »Gehen Sie nur, Sie haben uns Schweizer sowieso nur lächerlich gemacht«, und: »Ich werde nie mehr eine Platte von Ihnen kaufen.«

Ich ging trotzdem nach New York, behielt aber gleichzeitig meine Wohnung in Luzern und kehrte alle vier Monate für ein paar Wochen zurück in die Schweiz. Erst nach einem Jahr wurde mir die Belastung von zwei Appartements zu viel. So musste ich die traumhaft schöne Wohnung an der Luzerner Bahnhofstrasse aufgeben.

Heute frage ich mich, ob ich immer noch in den USA leben würde, wenn nicht meine Frau Niccel – fast wie der Stern von Bethlehem – mir den Weg zurück in die Schweiz gewiesen hätte.

★ ★ ★ Nobody is Perfect!

Wenn man so weit weg von seiner Heimat ist, spielt das Telefon eine grosse Rolle. Deshalb drängte ich im *Olympic Tower,* wo ich mein neues Domizil bezogen hatte, darauf, möglichst schnell einen Telefonanschluss zu erhalten.

Der Telefonmonteur versprach mir, am Dienstag um acht Uhr zu kommen. Ich wartete also auf ihn, blieb diszipliniert zu Hause, wartete Stunde um Stunde und Tag für Tag. Im Kühlschrank herrschte bereits gähnende Leere und Getränke hatte ich auch keine mehr. Nicht einmal die Zeit, im Haus schräg gegenüber mein Postfach zu leeren, nahm ich mir. Ich kam mir vor wie ein Mensch im Hungerstreik.

Am Donnerstag um elf Uhr klingelte es dann doch noch, der Telefonmonteur stand vor der Tür und begrüsste mich so freundlich, als wäre alles so vereinbart gewesen. Ich schluckte meinen Ärger herunter und zeigte ihm meine Freude darüber, dass er nun endlich da war, und ich bald telefonieren könnte.

Er erkundigte sich, wo die Telefon-Hauptleitung wäre. Ich hatte keine Ahnung. Also machte er sich auf die Suche und öffnete einen Schrank nach dem anderen, bis er schliesslich in der hintersten Ecke eines Kleiderschranks fündig wurde: Ein dickes, aufgeschlitztes Kabel lugte aus der Wand, dem etwa fünfzig feine, farbige Drähte entsprangen. Es sah aus wie ein bunter Blumenstrauss.

Ein Schweizer Telefonmonteur hätte beim Anblick dieser Installationskunst wahrscheinlich sofort eine Herzattacke bekommen. Mein amerikanischer Monteur zog nun in aller Seelenruhe eines der Kabel bis zur gewünschten Stelle in der Wohnung und schloss mein Telefon an. Die alten Kabel liess er so an der Mauer hängen, wie er sie angetroffen hatte. Für diesen Murks war ja schliesslich eine andere Firma zuständig. Das hat man nun davon, wenn alles privatisiert wird!

Man hatte mir zwei Nummern zugeteilt, eine für das Fax und eine fürs Telefon. Ich war glücklich, wieder mit dem Rest der Welt verbunden zu sein, und dementsprechend hoch fiel dann auch das Trinkgeld aus.

Kaum hatte der Monteur meine Wohnung verlassen, gab ich auch schon allen Angehörigen und Freunden meine neue Telefon- und Faxnummer bekannt. Einen Tag später musste ich allerdings feststellen, dass die Anrufe immer auf der Faxlinie landeten und das Fax selbst keine Meldungen in Empfang nehmen konnte. Ich meldete mich beim Telefonamt.

»Hold on! Bleiben Sie dran!« hiess es immer wieder und dann wurde ich weiterverbunden.

Nach etwa einer Stunde teilte man mir mit, dass es eine Verwechslung mit den Nummern gegeben habe. Mit anderen Worten, ich musste allen Freunden mitteilen, dass die Telefonnummer nun die Faxnummer sei und umgekehrt.

Die zweite Linie funktionierte aber immer noch nicht. Der Monteur versprach, noch einmal vorbeizukommen. Wieder warten! Vorsichtshalber kaufte ich gleich auf Vorrat ein. Diesmal kam er aber nur mit einem Tag Verspätung. Das ist doch eindeutig eine Steigerung!

Er schaute sich die Kabel an und beauftragte mich, einen Doppelstecker zu kaufen. Dann verschwand er wieder. Leider hatte er keine präziseren Angaben gemacht. Im Geschäft legte man mir diverse Modelle zur Auswahl auf den Ladentisch. Roulette! Der, für den ich mich entschied, funktionierte natürlich nicht. Ich bin halt doch keine Spielernatur! Also noch einmal zurück ins Geschäft. Auch der zweite war der Falsche. Beim dritten Versuch hatte ich endlich Glück. Immerhin konnte ich jetzt normal telefonieren. Faxen ging aber immer noch nicht.

Es kam also noch einmal ein Monteur. Er stieg in den Keller und meldete nach zehn Minuten, dass die zweite Leitung in der Hauszentrale überhaupt nicht angeschlossen gewesen sei. Grosses Aufatmen. Die Fehlerquelle war gefunden. Obwohl, hatte man mir nicht vorher gesagt, dass beide Anschlüsse über die gleiche Leitung laufen?

Wieder gab ich ein grosszügiges Trinkgeld. Der Monteur drückte mir noch sein Visitenkärtchen mit Privatanschrift in die Hand. Ich solle ihn in Zukunft gleich zu Hause anrufen. Er würde dann mit mir einen Termin vereinbaren. So organisiert man sich Schwarzarbeit. Kein Wunder, dass diese Herren mit zwei bis drei Tagen Verspätung erscheinen, wenn sie sich für zwischendurch immer noch ein paar inoffizielle Termine organisieren.

Zu meinem grossen Erstaunen meldeten sich andauernd Leute an meinem Telefon, die eine Mrs. oder einen Mr. Walker sprechen wollten. Mit meinen mageren Sprachkenntnissen versuchte ich zu erklären, dass jetzt eine andere Person, nämlich ich, in diesem Appartement wohne. Dann meldete sich immer öfter telefonisch ein Mann bei mir, der ganz aufgeregt behauptete, dass ich *seine* Nummer hätte.

»Ihre Nummer gehört mir!« fauchte er mich an.

Was sollte ich darauf erwidern? Dass ich nun seit drei Wochen in dieser Wohnung lebe, und …, ja, was eigentlich? Es hatte gar keinen Wert, lange zu diskutieren.

»Ich wohne jetzt hier. Und das ist meine Nummer und Ende!« erklärte ich energisch und warf den Hörer auf die Gabel.

Aber er rief immer wieder an, war total genervt und beschwerte sich überlaut. Anhand der Lautstärke konnte ich den Ernst der Lage erkennen, nicht aber anhand dessen, was er ins Telefon schrie. Ich verstand immer nur: »It's my number!!«

Drei Wochen später meldete sich das Telefonamt bei mir und teilte mir mit, dass ich eine neue Nummer bekäme. Ich war wütend und bastelte mir schnell einen Satz zusammen, um meine Wut auszudrücken:

»You can't do that!« Bravo! Denen habe ich's aber gezeigt!

Meine Nummer wurde trotzdem ausgewechselt. Freundlicherweise schaltete man damit gleichzeitig meinen Faxanschluss wieder aus.

»Sorry, it's a mistake«, hiess es später.

Damit war dann endlich das Telefondrama abgeschlossen. Ich teilte also allen nochmals die neuen Nummern mit und konnte dann in den kommenden Jahren problemlos telefonieren.

Viele Amerikaner sind übrigens nicht mehr bereit, wie ich stunden- oder tagelang auf einen Klempner,

Installateur oder Mechaniker zu warten und dann grosse Rechnungen zu bezahlen. Man verlangt nämlich allein schon für's Erscheinen 50 Dollar. Als Alternative kann man jetzt für 12 Dollar einen Reparatur-Service anrufen und sich via Telefon Anweisungen geben lassen, wie man den jeweiligen Defekt beheben kann. Schade, dass man seine Wohnung noch nicht telefonisch putzen lassen kann.

Meine Reinigungsfrau bat mich, einen Staubsauger anzuschaffen. Ich entschied mich für das Modell *Red Devil.* So ein roter Teufel, dachte ich, würde doch sicher ganz aggressiv und gnadenlos den Staub aufsaugen. Ich investierte also ein bisschen mehr Geld als geplant und wollte damit der Putzfrau eine Freude machen. Diese stellte aber entnervt und mit Kopfschütteln fest – sie sprach nur Spanisch –, dass der Rote Teufel überhaupt nicht saugte. Zum Glück kannte sie im Wolkenkratzer eine Art Hausmeister – hier nannte man ihn Ingenieur –, den sie um Hilfe bitten konnte. Er kam sofort, bastelte ein bisschen an der Maschine herum und bemerkte, dass ich da aber ein ganz billiges Produkt gekauft hätte, das ja fast keine Saugkraft besässe.

Das kam mir jetzt aber doch ein bisschen spanisch vor. Ich sah mir das Teil etwas genauer an und stellte fest, dass die Putzfrau das Saugrohr auf der falschen Seite montiert hatte und es als Handgriff benutzte, während der Griff unten als Saugrohr aufgesteckt war. Klar, dass eine Stange, die innen nicht hohl ist, nicht besonders gut saugt! Der *Ingenieur* verzog sich kleinlaut wieder.

Wollen Sie noch ein bisschen mehr über amerikanische Perfektionsarbeit erfahren?

Meine Bürolampe gab schon nach ein paar Monaten ihren Geist auf: Materialkorrosion. Das neue Radio konnte nur zwei Sender empfangen. Ich brachte es sofort in den Laden zurück. Man gab mir anstandslos ein anderes Gerät des gleichen Modells mit nach Hause. Wieder nur zwei Sender anstelle der versprochenen fünfzig. Also noch einmal zurück in den Laden. Ich bat das Personal, das Radio einmal auszuprobieren. Resultat: kein Empfang. Geld zurück.

Da in den USA der Strom nur mit 110 Volt aus der Steckdose kommt, musste ich alle elektrischen Geräte neu anschaffen, so auch einen Fernseher und einen Videorecorder. Ich kaufte beides im gleichen Geschäft. Zu Hause stellte ich fest, dass die beiden Geräte nicht fähig waren, sich gegenseitig die Programme zuzuspielen. Taxi rufen. Alles wieder zurückbringen. Was für ein Aufwand! Der Verkäufer – ein anderer als beim Kauf der Geräte – war kaum erstaunt, dass es nicht funktionierte, denn die beiden Geräte waren gar nicht kompatibel. So einfach ist das.

Beim hölzernen Fernsehschränkchen fielen gleich nach dem Aufstellen alle geleimten Holzteile ab. Das Möbelstück war unbrauchbar. Also wieder einpacken und zurücksenden. Man versprach mir die Rückgabe meines Geldes, das ich aber nie wieder sah. Vielleicht war ich ja selber daran schuld, denn es war mir zu kompliziert, mich telefonisch durch alle *Bloomingdale's*-Abteilungen zu hangeln, bis ich den Richtigen für eine Reklamation am Draht gehabt hätte. Karl Valentin und sein *Buchbinder Wanninger* lassen grüssen.

Auch auf den Teppichlieferanten habe ich einen ganzen Tag gewartet. Er erschien nicht. Das heisst, später stellte sich heraus, dass er schon vor dem Haus gestanden und bei mir geklingelt hatte, meine Wohnungsklingel aber nicht funktionierte.

Als einmal die Dusche ständig tropfte, kam der Ingenieur und sagte die für mich erleichternden Worte »No problem!«, doch nach der Reparatur musste ich mich daran gewöhnen, dass kaltes Wasser kam, wenn ich den Regler auf *hot* stellte.

Handwerker, die in den USA keine Lehre machen müssen, tragen meist einen breiten Ledergurt mit den nötigsten Arbeitsgeräten um die Hüfte. Oft musste ich ihnen mit meinem eigenen Werkzeug aushelfen, besonders als ich einmal beobachtete, dass ein Handwerker versuchte, einen Türbeschlag mit dem Daumennagel abzuschrauben.

Ja, ich muss gestehen, die ersten vier Monate in New York benötigte ich schon starke Nerven, und es kam noch hinzu, dass meine Sprachkenntnisse ja auch nicht die besten waren und ich ganz auf mich allein gestellt war. Bis in der Wohnung das Wichtigste vorhanden war, gelangte ich oft an mein Limit.

Irgendwann hatte ich die Nase voll und wollte mich im Kino von all dem Stress erholen. Aber ausgerechnet, als ich an der Kasse stand, fiel der Kartenautomat aus!

Ich staune heute immer wieder, wenn amerikanische Astronauten ins All abheben. Wenn nur mit der Technik nichts schief geht, hoffe ich jedes Mal innigst, denn so eine Rakete ist doch noch um einiges komplizierter als mein *Red Devil*!

⋆ ⋆ ⋆ Christkind in New York

Die grossen Vorbereitungen für die Weihnachtszeit beginnen in New York immer schon Anfang November. Die Hausmeister grosser Bürohäuser holen ihre riesigen Plastik-Christbaumteile aus den Lagerräumen und stecken sie in den Eingangshallen zusammen. Auch die grossen Adventskränze von einigen Metern Durchmesser haben dank ihrer künstlichen Beschaffenheit den Sommer gut überstanden. Jetzt beginnt das Schmücken. Da kann es den Amerikanern gar nicht üppig genug zugehen. Auch die Bäume in den Strassen werden mit tausenden von Lichterkettenmetern bis in die letzten Verästelungen umwickelt.

Vor dem *Rockefeller Center*, direkt neben der Kunsteisbahn, wird seit 1933 traditionsmässig jedes Jahr der grösste und schönste Baum New Yorks aufgestellt. Man muss ihn mit Hilfe eines hydraulischen Krans aufrichten, und allein für die Installation der elektrischen Lichter werden mehrere Wochen benötigt.

Am ersten Montag im Dezember ist es dann endlich so weit: Vor den Augen tausender von Zuschauern und unter deren grossem Applaus und Jubel wird der Stecker in die Steckdose gesteckt und die zweitausend Birnchen des grossen *Christmas Tree* beginnen zu leuchten. Es sieht sensationell aus. Mit der feierlichen *Tree Lighting Ceremony* wird dann auch jedesmal der Startschuss für die Weihnachtseinkäufe gegeben.

Als ich im Dezember1993 an der *Fifth Avenue*, Ecke 51. Strasse, meine Wohnung bezog, fand ich es wahnsinnig toll, dass sogar noch spät abends, zwischen elf Uhr und Mitternacht, so viele Menschen auf der

Strasse anzutreffen waren. Dieses lebendige Strassenbild war natürlich schon ein Kontrast gegenüber der abends immer so ausgestorbenen Zürcher Bahnhofstrasse. Hier in New York wollten alle den grossen Weihnachtsbaum bewundern. Viele waren zu Fuss unterwegs, andere kreisten mit dem Auto mehrmals um den Block, um dann jedesmal auf der Höhe der 50. Strasse vom Auto aus einen kurzen Blick auf den beleuchteten Baum werfen zu können.

Natürlich waren die Leute auch gekommen, um die sensationell geschmückten Schaufenster von *Lord & Taylor*, *Saks*, *Bergdorf Goodman* und einigen anderen grossen Kaufhäusern anzuschauen. Vor den Schaufenstern gab es jeweils riesige Menschenansammlungen, aber es kam nie zu Gedränge, denn die Amerikaner beherrschen es fabelhaft, sich anständig und ausdauernd in einer ordentlichen Reihe anzustellen.

Sogar im hektischen Bahnhof *Grand Central Terminal,* von dem aus täglich bis zu einer halben Million Menschen befördert werden, zieht jeweils weihnachtliche Atmosphäre ein. Auf einer Empore sitzt ein grosses Sinfonie-Orchester und verwandelt mit seinen Klängen die grosse, renovierte Halle mit Sternenhimmel in einen Andachtstempel.

Auch Wolkenkratzer werden in der Weihnachtszeit geschmückt. Nein, Sie müssen jetzt nicht denken, dass man sie auch mit Lichterketten umwickelt. Man beleuchtet sie einfach in poppigen Farben. Auch das trägt mit zum ganz besonderen Weihnachtsambiente in Manhattan bei.

Im Parterre meines Wohnhauses standen lange Zeit Ladenlokale leer. Endlich hatte man einen Mieter gefunden: die Katholische Kirche. Sie nutzte diese Räumlichkeiten, um während der Weihnachtszeit religiöse Kunstwerke zu präsentieren.

Sie müssen entschuldigen, aber ich empfand die ausgestellten Teile als totalen Kitsch: die Heilige Maria, aus einer Baumwurzel geschnitzt, ein Bild des Papstes, in Streifen geschnitten und so zusammengeklebt, dass man, je nachdem, von wo aus man sich dem Objekt näherte, einmal Jesus sah und dann wieder den Papst. Eine überdimensional grosse Krippe wurde ausgestellt, in der das Jesuskind mit seinen rosaroten Bäckchen lag, fast so gross wie ein ausgewachsenes Kind. Die Heiligen Drei Könige aus dem Morgenland gab es aus Plexiglas. Es schauderte mich jedesmal, wenn ich an diesen Schaufenstern vorbeikam, und ich schämte mich fast dafür, dass meine Katholische Kirche solche Objekte hervorbringt.

Was hat die einfache Geschichte aus Bethlehem alles bei uns ausgelöst? Nie zuvor wurde mir die Diskrepanz zwischen der *Frohen Botschaft* und unserem hektischen Weihnachtstreiben so bewusst wie in New York. Mit einem Auge war ich bei der Ausstellung, mit dem anderen sah ich einkaufswütige Menschen: Sie hetzten schwer beladen mit grossen Geschenkschachteln und Einkaufstüten von Geschäft zu Geschäft, versuchten nervös ein Taxi zu ergattern, rannten, kauften, suchten …

Als mich mein Sohn einmal in der Weihnachtszeit besuchte, lud ich ihn zur »Christmas Show« in der *Radio City Music Hall* ein. Ich sah Philipp seine Begeisterung förmlich an und schlug deshalb vor, dass wir eine Vormittagsvorstellung um 11 Uhr besuchen könnten. Er war einverstanden und zugleich froh darüber, dass er wegen dieser Show nicht auf ein vielversprechendes Abend- respektive Nachtprogramm verzichten musste.

Das 6000 Menschen fassende Theater, das zum Glück nie abgerissen werden durfte, ist allein schon einen Besuch wert. Regelmässig zur Weihnachtszeit wird dort die legendäre »Christmas Show« gezeigt. Ein absolutes Muss für alle Amerikaner. Deshalb gibt es teilweise bis zu vier Vorstellungen an einem einzigen Tag, damit man auch nur annähernd dem grossen Andrang gerecht werden kann. Von November bis Januar sind alle Vorstellungen ausverkauft.

Ich kann und möchte Ihnen hier nicht das Programm detailliert wiedergeben, ich will nur so viel sagen, die beiden Schweizer haben nach der Vorstellung mit offenen Mündern das Theater verlassen. Wie zwei Stumme marschierten wir ein paar Minuten auf der Strasse nebeneinander her. Erst nach einer Weile konnten wir unsere grosse Begeisterung zum Ausdruck bringen. Wir waren total überwältigt. Was man uns da gezeigt hatte, war einfach einmalig: Angefangen bei den legendären *Rockettes*, 40 Tänzerinnen, die präzis und synchron fabelhafte Tanz-Formationen auf's Parkett legten, über ein 50-köpfiges Orchester bis hin zum Orchestergraben, der emporgehoben, dann auf Höhe der Bühne etwa 60 Meter nach hinten geschoben und dort wieder hydraulisch angehoben wurde, um Platz für ein Eisfeld zu machen, auf dem Eiskunstläufer ihre Pirouetten drehten.

Wenn jemand Freude an Bühnentechnik hat, wenn jemand gute Choreographien liebt und ihm Präzision und Spielfreude von Akteuren imponieren, wenn jemanden brausendes Orgelspiel und verrückte Kulissentechnik beeindrucken können, dann ist es für denjenigen einfach ein Muss, die »Christmas Show« (oder auch die »Easter Show«) in der *Radio City Music Hall* zu besuchen.

Mitte Januar '93 stellte ich mit grosser Enttäuschung fest, dass auch die *Fifth Avenue* abends ab 21 Uhr menschenleer sein kann. Kein Unterschied mehr zur Zürcher Bahnhofstrasse. Ich hatte es also nur dem Christkind und dem Weihnachtsmann zu verdanken, dass die Strassen vor meinem Haus in der Weihnachtszeit so belebt waren.

★ ★ ★ Das Dorf Manhattan

Nach den ersten drei Monaten in New York kannte ich mich in meiner nächsten Umgebung schon ziemlich gut aus. Ich wusste, welches Chinesische Restaurant mir zusagte, kannte einen Fotoladen, wohin ich meine Filme zum Entwickeln brachte, wusste, wann die Besitzerin und wann ihr Bruder die Kasse bediente. Er gab immer grosszügige Rabatte, und oft erhielt ich noch einen oder zwei Gratisfilme extra. Seine Schwester hingegen war für solche Aktionen nicht zu begeistern. Im Restaurant *Nello* lernte ich einen Kellner kennen, der schon in Luzern gearbeitet hatte, und im MoMA-Restaurant *Sette Moma* den Schweizerkoch. Ich wusste, wo es gutes Sauerkraut mit Rippli gibt und leistete mir zwischendurch mit Gästen einen Sonntagsbrunch im Hotel *Peninsula*. Die besten *spaghetti al burro* bekam ich im *Allegria*. Meine Wäsche brachte ich morgens in einen *Dry Cleaner* an der 54. Strasse, und abends gegen fünf Uhr wurde sie mir wieder nach Hause gebracht (Wieso müssen wir in der Schweiz eigentlich bei *Schnellreinigungen* immer eine Woche warten, bis das Kleidungsstück gereinigt ist?). Den Friseur hatte ich gleich um die Ecke, und frisches Obst verkaufte mir zwei Blocks weiter ein Koreaner. Da ich mitten in Manhattan wohnte – eigentlich in einem Businessviertel –, hatte ich kein grösseres Lebensmittelgeschäft in meiner Nähe. Die Bodenpreise in der City sind zu hoch, und es ist kaum möglich, mit Lebensmitteln ein rentables Geschäft zu machen. Es gab aber immerhin ein paar kleinere Lebensmittelläden, die sich *Delis* nannten.

Die *Neue Zürcher Zeitung* besorgte ich mir am Newsstand des Hotels *New York Palace*, deutschsprachige Illustrierte gab's im Kiosk des *Trump Tower*. Und die von den vielen Fussmärschen abgelaufenen Schuhsohlen wurden im *666*-Gebäude an der *Fifth Avenue* wieder in Ordnung gebracht. Als die Chefin dieses Schusterladens später von unserer Rückkehr in die Schweiz erfuhr, meinte sie, wir sollten zukünftig unsere kaputten Schuhe mit *UPS* schicken, sie würde sie dann so gut reparieren, dass sie wieder wie neu aussähen.

Natürlich gehörte zu meinem kleinen Dorf auch das Postbüro im Untergeschoss des *666*-Gebäudes. Da meine *666*-adressierte Post dort lagerte, landeten immer wieder Touristen aus der Schweiz und aus Deutschland in diesem Postbüro, in der Hoffnung, sie seien auf meine private Wohnadresse gestossen. Aber die Pöstler hielten dicht, nahmen höchstens Grussbotschaften für mich entgegen und deponierten sie in meinem Postfach.

Fünf Minuten von meiner Haustüre entfernt, war das liebgewonnene *Museum of Modern Art*, kurz MoMA. Ich leistete mir ein Jahresabonnement und konnte so jederzeit ins Museum huschen, um zwischendurch wieder aufzutanken. Auch der traumhafte Buchladen *Rizzoli* war einer meiner Pilgerorte, genauso wie das Kino *Paris*, das bevorzugt Studiofilme zeigte. Im Winter führte mein *Dorfspaziergang* oft an der Eislaufbahn des *Rockefeller Centers* vorbei. Auch das Swissair-Büro, das Dachrestaurant des Hotels *Peninsula*, ein Kopierladen mit 24-Stunden-Service und meine Sprachschule befanden sich im Umkreis von zehn Gehminuten.

So wurde diese grosse Weltstadt für mich mit der Zeit immer mehr zu einem kleinen, schönen Dorf.

Da sich nur fünf Minuten von meinem Zuhause die 6000 Plätze zählende *Radio City Music Hall* befand, gab ich meinem Quartier die Bestnote. Ich konnte auch fast alle Theater und Musicalbühnen zu Fuss erreichen. Es gab kein stressiges Taxi-Suchen. Pfeifend und gut gelaunt marschierte ich immer nach der Vorstellung nach Hause.

Mein nächster *Nachbar* war die *St. Patrick's Cathedral.* Freundlicherweise verschonte sie mich morgens um sechs, um sieben, um acht Uhr usw. mit dem täglichen Kirchengeläute. Und wenn sie doch einmal etwas länger läutete, ertönte meistens ein melodisches Glockenspiel.

Nur einmal hat mir mein *Nachbar* einen Streich gespielt: Ich durfte nicht mehr zu mir nach Hause zurückkehren. Das ganze Quartier war von hunderten von Polizisten umstellt. Egal von welcher Seite ich versuchte, mich meinem Zuhause zu nähern, an keiner Kreuzung liess man mich durch.

»Aber ich wohne doch hier!« versuchte ich einem Polizisten zu erklären.

Keine Chance. Man liess mich nicht passieren. Der Papst war zu Besuch! Er schlief im Pfarrhaus nebenan – und ich beinahe auf der Strasse.

★ ★ ★ Auf Schnäppchenjagd

Wenn einer eine Reise tut, dann kann er was erzählen ... Ich glaube, dass Reisende nach der Rückkehr aus ihren Ferien immer seltener erzählen, dafür aber mit umso mehr Stolz den Daheimgebliebenen vorführen, was sie alles zu äusserst günstigen Preisen ergattert haben, weil sie gefeilscht oder sogar ganz geschickt und beinahe kaltblütig verhandelt haben.

So ein moderner Schnäppchen-Reisender würde Sie nach einer New-York-Reise wahrscheinlich fragen:

»Kennst du die Electronic-Shops an der *Fifth Avenue*, die Taschenmesser, Fernrohre, Videorecorder, Fotoapparate, Elfenbein-Schnitzereien, Kerzenständer, Teppiche und vieles mehr verkaufen?«

Ich war einmal mit einer Bekannten in so einem Shop. Sie interessierte sich für eine kleine Fotokamera zum Preis von 58 Dollar. Natürlich hatte sie sich fest vorgenommen zu feilschen, was in diesen Läden ja fast die Regel ist. Der Verkäufer erklärte, für 49 Dollar würde er ihr die Kamera geben. Sie aber wollte beweisen, dass sie die Stärkere ist, bewegte sich langsam zur Tür und sagte mit gespieltem Desinteresse:

»Zu teuer.«

Der Verkäufer liess sie natürlich nicht so einfach gehen und fragte, wieviel sie denn zu zahlen bereit wäre.

»39 Dollar«, lautete ihre kurze und klare Antwort. Ich war überrascht über ihr sicheres Auftreten. Sie bewies schauspielerisches Talent.

»Okay!« Der Verkäufer nickte, und für 39 Dollar gehörte der Apparat ihr. Sie kaufte noch einen Farbfilm und eine Batterie und verliess siegesbewusst und freudestrahlend das Geschäft.

Ein paar Tage später sah ich in einem Katalog von *American Express* die gleiche Kamera inklusive Batterie und Film für 29 Dollar. Das verschwieg ich natürlich meiner Bekannten, um ihr das grossartige Gefühl zu lassen, sie habe ein Schlitzohr übertölpelt.

Ein Freund erzählte mir, er habe im Schaufenster so eines Ladens eine *Swatch* mit der Preisaufschrift *30* entdeckt. Da er wusste, dass dieses Modell in der Schweiz mindestens 150 Dollar kostet, erkundigte er sich im Laden, ob der Preis korrekt sei. Energisches Kopfnicken. Bei so einem Angebot schlägt man natürlich gleich zu. Auf der Rechnung stand dann allerdings zur grossen Überraschung meines Freundes *120 Dollar.* Auf seine entrüstete Frage, was das zu bedeuten habe, erhielt er die Antwort, dass mit *30* nur der Rabatt gemeint sei. Das wurde ihm ohne Wimpernzucken und mit viel Charme mitgeteilt. Man merkt also sofort, dass dieses Personal geschult ist. Oder sagen wir, fünf verkaufspsychologische Fortbildungskurse hat so ein Verkäufer mit Sicherheit absolviert …

Es ist überhaupt interessant zu beobachten, wie Kunden in diesen Läden erst einmal in ein allgemeines Gespräch verwickelt werden. Meistens wird man gefragt, woher man komme und wie lange man in Manhattan bleibe. Wer in so einem Moment ganz naiv erzählt, dass er am nächsten Tag leider wieder abreisen müsse, hat damit schon die wichtigste Information gegeben. Der geschickte Verkäufer weiss nun, dass der Kunde wegen Reklamationen nicht mehr ins Geschäft zurückkommen kann.

Radarwarngeräte sind übrigens ein beliebter Gegenstand, den man Europäern in diesen Shops anzudrehen versucht. Falls Sie hartnäckig »Nein« sagen können, lassen Sie sich ruhig mal so ein Gerät und seine Einsatzmöglichkeiten von einem Verkäufer erklären. Sie werden ein paar köstliche Minuten erleben.

Aber bleiben Sie, um Gotteswillen, ganz konsequent beim »No, thank you« und bewegen Sie sich bald wieder zum Laden hinaus, sonst wird der Verkäufer fast unerbittlich und versucht Sie auf eine andere Tour zum Kauf eines unnützen Geräts zu bewegen.

Meinem Sohn wollte man eine Vorsatzlinse für seine Kamera aufschwatzen, damit er auch im Dunkeln fotografieren könne. Zur Demonstration schaltete der Verkäufer eine Videokamera mit besagtem Vorsatz ein, filmte mit ihr unter der dunklen Ladentheke und zeigte uns am Monitor, wie gut das funktioniere. Mein Sohn war jedoch nicht interessiert.

»Sie können die Vorsatzlinse mitnehmen und eine Nacht lang ausprobieren. Knipsen Sie einen Film, lassen Sie ihn entwickeln und kommen Sie dann morgen wieder, um zu bezahlen.«

Das bot der Verkäufer an, ohne unsere Namen und unsere Unterkunft zu kennen. Wir waren verdutzt. Philipp blieb bei seinem »Nein«. Vielleicht hätte er sonst noch ein Geld-Pfand hinterlegen müssen. Und wer weiss, ob nicht dieses Pfand den Totalwert der Vorsatzlinse überstiegen hätte und er bei der Rückgabe der Linse verpflichtet gewesen wäre, in der Höhe des Pfandgeldes etwas anderes zu kaufen. Man weiss nie, welche neuen Taktiken sie gerade anwenden. Und irgendwelche naiven Touristen auf Schnäppchenjagd gehen ihnen immer wieder auf den Leim.

Immerhin setzt sich aber mittlerweile die New Yorker Stadtverwaltung ein, um diese Missstände etwas zu eliminieren, da Manhattan sonst um seinen guten Ruf als Einkaufsmetropole fürchten müsste.

Oft kann man in New York auch auf grossen Transparenten über Elektro- und Teppichwarenläden lesen: *GOING OUT OF BUSINESS,* was so viel heisst wie Totalausverkauf. Über Lautsprecher wird dann laufend verkündet, dass wegen Auflösung des Mietvertrags alles zu Schleuderpreisen verkauft werde. Der Laden sieht dementsprechend aus: Papierschnipsel, Zeitungen, Einkaufstüten, Stroh, Kartons und Styropor liegen durcheinander auf dem Fussboden – eine richtige Sauordnung! Die Ware muss raus! Zahlen Sie, was Sie wollen – Hauptsache ist, wir sind die Ware los! Eine glaubwürdige Inszenierung. Aber eben, nur eine Inszenierung, denn nach zwei Wochen ist die Schleuderpreisaktion zu Ende, und wer zieht dann neu in das Ladenlokal ein? Ja, richtig, das gleiche Geschäft wie vorher, nur wieder picobello aufgeräumt. Und die Verkäufer warten auch wieder gelangweilt hinter der Ladentheke auf ihre klassischen Opfer: die Touristen auf Schnäppchenjagd.

Ich will ehrlich sein, auch ich war schon einmal so ein Opfer. Ich hätte ja nie geglaubt, dass man mir etwas verkaufen könne, was ich gar nicht begehre. Trotzdem verliess ich eines Tages mit einem grösseren Paket unter dem Arm so ein berüchtigtes Geschäft. Zunächst hatte man mich ganz elegant in ein ungezwungenes Gespräch über meine Heimat verwickelt. Der Chef erklärte mir, dass er seine Ferien am liebsten in der Schweiz verbringe. Er wisse auch geografisch sehr viel über mein Land. Gleichzeitig verwöhnte man mich im oberen Stock des Ladens, fast in privater Atmosphäre, mit einer Tasse Kaffee. Zwischendurch wurde kurz über Teppiche gesprochen. Ein Angestellter schleppte einen schweren Teppich nach dem anderen von unten herauf und breitete sie alle vor mir aus. Ich versuchte, wieder vom Thema Teppich wegzukommen, denn ich hatte schon Bedauern mit dem armen Angestellten, der ganz schön ins Schwitzen geriet. Der Boss liess kein Mitleid zu und erklärte mir, dass dies eben ihr Metier sei und man sich schnell daran gewöhne. Seine Augen funkelten, als er einen kleinen Teppich, der farblich wirklich schön aussah, vor meinen Füssen ausbreitete: »Pure silk!«

Aber Donnerwetter, ich wollte ja gar keinen Teppich und schon gar nicht so einen kostbaren. Wo sollte ich den denn zu Hause hinlegen? Oder müsste ich so einen Teppich mehr als Wertanlage betrachten? Vielleicht waren diese Fragen schon die ersten Anzeichen meiner Kapitulation.

Die Teppich-Demo ging aber noch weiter. Unaufhörlich redete der Chef auf mich ein und erklärte mir den ganzen Teppichhandel, die Preise, die Knüpftechniken, die Symbole und die Zeichen, an denen ich einen guten Teppich erkennen könne.

Sie ahnen es schon, liebe Leserin, lieber Leser, wie hypnotisiert lief ich nach einem eineinhalbstündigen Teppich-Intensivkurs mit dem kleinen farbigen Perserteppich zur Kasse und bezahlte. Ganz ohne Vorwarnung blitzte es plötzlich aus einer Polaroid-Kamera.

»You're a famous person. Please give me an autograph!« Ich konnte den Wunsch des Ladenbesitzers nicht verweigern.

Als ich mit meinem Teppich die Strasse betrat, verstand ich die Welt oder ehrlich gesagt mich selbst nicht mehr. Emil, wieso kaufst du einen Teppich, den du gar nicht willst? fragte ich mich immer wieder und zweifelte an mir selbst. Wieso habe ich mich von denen einlullen lassen? Steckte vielleicht doch Hypnose dahinter?

Als ich wieder einmal für ein paar Tage in Luzern war, in meiner noch nicht ganz leergeräumten Wohnung, erhielt ich einen Anruf aus Genf.

»Herr Steinberger, sind Sie morgen zu Hause? Ich fahre nach Zürich und möchte Sie gern in Luzern besuchen, um mich zu erkundigen, ob Sie mit dem Kauf zufrieden sind.«

»Hallo, wer spricht denn da überhaupt?« fragte ich.

»Sie haben doch bei uns in Manhattan einen tollen Teppich gekauft. Ich kann Ihnen ein neues gutes Angebot machen ...«

Jetzt wurde ich schroff: »Nein, ich bin nicht da und ich brauche auch keinen neuen Teppich!«

»Aber Sie verpassen ...«

»Nein!« beharrte ich.

»Es kostet Sie nichts und Sie müssen auch gar nichts kaufen, wenn ...«

»No!«

»Kommen Sie wieder mal nach New York?«

»Ja ..., nein!«

»Dann ...«

»Nein! Nein!!! Danke.«

Ein paar Wochen später erhielt ich wieder einen Anruf von einer mir unbekannten Person. Diesmal war eine Frau aus Deutschland am Apparat, die mir erzählte, dass sie in New York in einem Laden an der *Fifth Avenue* ein tolles Tee-Service gekauft habe. Sie hätte dort ein von mir signiertes Foto hinter der Kasse hängen sehen und gedacht, wenn Emil hier Kunde ist, dürfe sie den Kauf dieses teuren Tee-Services ruhig wagen. Natürlich habe sie sich mit dem Ladenbesitzer auch über mich unterhalten.

Ja, Touristen wollen in New York immer ein Schnäppchen machen, aber die Gewinner sind immer die gleichen, wetten wir … um einen Perserteppich?

★ ★ ★ Der rote Fleck

Es war für mich sehr schön, in New York wieder einmal Mister Nobody zu sein. Natürlich musste ich mich erst daran gewöhnen, nicht mehr von wildfremden Menschen freundlich angelächelt zu werden, weil sie mich als *Emil* erkannt hatten. Sie können sich vielleicht gar nicht vorstellen, wie es ist, wenn man überall erkannt und beobachtet wird. Das geht schon im Restaurant los, wo Sie damit rechnen müssen, dass Sie, zum Beispiel beim Spaghetti-Essen, von allen Seiten kritisch im Auge behalten werden. Aber inzwischen weiss ich ja, dass die Italiener beim Spaghetti-Essen nie einen Löffel zu Hilfe nehmen. Deshalb werden diese Teigwaren ja auch in einer Art Suppenteller serviert, damit man mit der Gabel am Tellerrand die Teigwaren schön aufrollen kann. Ein bisschen Training bedingt das allerdings schon.

Aber zum Glück gibt es ja auch noch weniger komplizierte Gerichte als Spaghetti. Ich bestellte in einem New Yorker Restaurant eine Pizza. So einfach, wie es scheint, ist es allerdings auch wieder nicht, Pizza fachgerecht zu essen, vor allem, wenn der Boden dünn, aber steinhart ist. Beim Versuch, von der Pizza ein mundgerechtes Stück abzuschneiden, rutschte mir das Messer aus und katapultierte den ganzen Teig samt Belag mit viel Schwung über den Tellerrand und die Tischkante hinweg direkt auf meine weisse Sommerhose. Ja, ja, Sie denken richtig. Natürlich landete sie mit der Tomatenseite nach unten. Ich lachte zuerst einmal über die slapstickreife Nummer und hob dann die Pizza vorsichtig hoch, um sie wieder ordentlich auf dem Teller zu platzieren. Dann erst sah ich mir die Folgen des Pizza-Sturzes, durch das Tischtuch vor neugierigen Blicken geschützt, in Ruhe an. Ein grosser, roter, kreisrunder Fleck, geschmückt mit Champignons und Schinkenstreifen, dekorierte meine Hose. Ich sah aus, als hätte ich eine Woche lang ohne Schürze als Metzger gearbeitet.

Mit einem unauffälligen Blick in die Runde überzeugte ich mich, dass die anderen Gäste mich keines Blickes würdigten. Hatten sie den Zwischenfall vielleicht gar nicht bemerkt, oder verhielten sich Amerikaner immer so diskret, um eine peinliche Situation nicht noch zu verschärfen? Alle assen ganz normal weiter. Keiner machte irgendwelche Anstalten, mir zu helfen, zum Beispiel, indem er mir eine Papierserviette gereicht hätte – meine lag sowieso schon lange in unerreichbarer Entfernung auf dem Fussboden.

Für mich stellte sich jetzt die Frage, wie ich weiter vorgehen sollte.

Auf die Toilette gehen und den Fleck mit Wasser ausreiben? Die so genässte Hose bräuchte mindestens eine Stunde, bis sie wieder trocken wäre. Und allein schon der Gedanke, mit dieser Hose vom Tisch aufstehen und zweimal, unter dem Motto *Vorher-Nachher*, wie ein Model das ganze Restaurant durchqueren zu müssen, verursachte bei mir einen Schweissausbruch. Nein, dieses Spektakel gönnte ich den Damen und Herren nicht. Aber Sitzenbleiben war auch nur für eine beschränkte Zeit möglich. Es sei denn, ich hätte laufend weiter bestellt, bis der letzte Gast das Restaurant verlassen hätte und das Pizzagemisch auf meiner Hose eingetrocknet wäre. Ziemlich unrealistisch.

Ich rutschte ganz nahe an den Tisch heran und rief den Kellner:

»Check please!«

Er bemerkte nichts von dem Missgeschick. Ich bezahlte und legte mir in Gedanken schon einmal den besten Fluchtweg zurecht. Dann sprang ich vom Tisch auf und hatte mit ein paar Sätzen im Eiltempo die Ausgangstüre erreicht. Weitere 30 Schritte benötigte ich bis zu einem Zeitungskiosk, wo ich mir die *New York Times* kaufte und sie – zack! – in Sekundenschnelle vor dem roten Pizzafleck platzierte. So lief ich bis zur nächsten Kreuzung und stieg in ein Taxi. Zuhause angekommen blickte ich dem Concierge des Hauses fest in die Augen, sodass er gar nichts von meiner italienisch dekorierten Hose mitbekam. Nur der Liftboy guckte mich etwas anders an als sonst. Vermutlich hatte er eine sehr feine Nase und registrierte sofort den starken Geruch nach Tomatensauce und Käse in seiner Liftkabine. Im 26. Stock angelangt, nahm der kleine Spiessrutenlauf sein Ende.

Als ich mich dann in einer sauberen Hose ans Fenster stellte und von oben das rege Treiben auf der *Fifth Avenue* beobachtete, wurde mir bewusst, dass es die New Yorker so eilig haben und ständig abgelenkt sind durch den Verkehr, Schaufenster, Hundekot, Wind und Wetter, dass sie gar keine Gelegenheit hätten, so einen roten Fleck auf meiner Hose wahrzunehmen.

Ich hätte mir also die Ausgaben für die *New York Times* und das Taxi sparen können … Es hätte ja sowieso keiner etwas bemerkt und schon gar nicht bei einem Mister Nobody.

★ ★ ★ Kreuz und Quer

Ich glaube es geht allen gleich. Wenn man zum ersten Mal als Tourist aus einem New Yorker Hotel heraustritt, um durch die Strassen zu flanieren, fragt man sich: »Soll ich jetzt nach links losmarschieren oder nach rechts?« Im Hinterkopf weiss man aber, dass man sich in dieser Grossstadt dank des genial nummerierten und meist sehr logischen Strassensystems kaum verirren kann.

Zunächst muss man wissen, dass alle Strassenzüge von Osten nach Westen nummeriert sind, vom *East River* zum *Hudson River* also, und von unten nach oben beziehungsweise von Süden nach Norden. Jetzt sollte man nur noch wissen, wo Norden, Osten, Süden und Westen ist.

Also, das UNO-Gebäude befindet sich zum Beispiel am *East River* und die *Chelsea Piers* liegen am *Hudson River*. Der Fischmarkt und das *Wall Street District* sind unten im Süden und der *Central Park* ist oben im Norden. Und die *Fifth Avenue* markiert in Längsrichtung die Mitte von Manhattan. Somit ist also links der *Fifth Avenue* Westen und rechts von ihr Osten, natürlich nur, wenn Sie in Richtung *Central Park* gucken.

Wenn man aber noch nicht weiss, wo der *Central Park* respektive die *Fifth Avenue* ist, kann man das anhand der Strassennummern herausfinden. Stehen Sie zum Beispiel in der *Third Avenue*, dann müssen Sie noch zwei Avenues weiter gehen, um in die *Fifth* … Eben nicht! Denn es gibt gar keine *Fourth Avenue*, das heisst es gibt sie natürlich schon, aber sie heisst *Lexington Avenue,* und anschliessend an sie kommt nicht etwa die *Fifth*, sondern erst einmal die *Park Avenue*. Voilà! Zwischen die fünfte Avenue von Osten aus gezählt, was jetzt also die *Park Avenue* wäre, und die richtige *Fifth Avenue* schiebt sich dann auch noch die *Madison Avenue* (das tönt ja fast wie eine Emil-Nummer). Mit anderen Worten heisst das, dass Sie von der *Third* bis zur *Fifth Avenue* nicht zwei, sondern ganze vier Strassenzüge laufen müssen. Das haben Sie sich jetzt eingeprägt, oder?

Wenn Sie aber von der *Third Avenue* in die verkehrte Richtung losmarschieren, kommen Sie zur *Second Avenue*, die auch tatsächlich so heisst. Wollten Sie ursprünglich in die Fünfte, merken Sie also schnell, dass Sie falsch gelaufen sind. Wissen Sie noch, wieviele Avenues Sie von hier aus bis zur Fünften überqueren müssen?

Es gibt übrigens eine Faustregel, dass Sie von einem Strassenzug zum nächsten, also beispielsweise von der *Third Avenue* zur *Lexington*, zu Fuss fünf Minuten benötigen. Von einem Block zum anderen – und jetzt bewegen Sie sich in Nord-Süd-Richtung – ist man hingegen nur drei Minuten unterwegs. So können Sie also, wenn Sie sich einmal verlaufen haben, immer ausrechnen, wie lange Sie benötigen, um am richtigen Ort anzukommen.

Aber Sie müssen auch aufpassen, wenn Sie sich westlich der Fünften bewegen. Nach ihr kommen die Sechste, die Siebte und die Achte. Aber die Achte wechselt westlich vom *Central Park* ihren Namen und heisst dann *Central Park West*. Und dann könnte es noch sein, dass Sie als nächstes auf den *Broadway* stossen und nicht etwa auf die *Ninth Avenue*, denn der

Broadway zieht sich fast diagonal durch ganz Manhattan und kreuzt die Avenues an verschiedenen Stellen. Nach dem *Broadway* kommt aber dann wie vermutet die Neunte, die auch noch den Namen *Columbus Avenue* trägt. Und die Zehnte heisst gleichzeitig auch noch *Amsterdam Avenue*. Die Elfte, die letzte vor dem *Hudson River*, trägt zusätzlich den Namen *West End Avenue*.

Was den *Broadway* betrifft, so sollten Sie vielleicht noch wissen, dass, wenn Sie zu einer bestimmten Hausnummer wollen und Sie stehen einmal angenommen beim *Flatiron Building*, wo sich an der 23. Strasse die *Fifth Avenue* mit dem *Broadway* kreuzt – dann ist es eben wichtig zu wissen, ob es eine ungerade oder eine gerade Hausnummer ist und ob sie über 800 liegt, denn dann, ja dann müssten Sie, wenn Sie sicher sein wollen, und das wollen Sie vermutlich … ja dann steigen Sie am besten doch in ein Taxi.

★ ★ ★ Gelb hat Vorfahrt

Glauben Sie, dass ich auch zu den New Yorkern gehörte, die hundertmal pro Jahr den Arm heben, um einem *yellow cab* zu winken?

Ich zog jedenfalls die gelben Taxis der *subway* vor, weil ich vom Taxi aus die Stadt viel besser kennen lernen konnte.

»Au, da muss ich auch mal hin!« »Diese Strasse könnte interessant sein, die muss ich mir merken.« »Was ist denn das für ein Gebäude?« Diese Gedanken flitzten mir beim Taxifahren laufend durch den Kopf. In der U-Bahn sah ich hingegen nur schwarze Wände, konnte vom Wagen aus ein paar Werbeplakate studieren und mir die Leute angucken, während ich mich darum bemühte, nicht im Durchzug zu sitzen. Und trotzdem ist das über 100-jährige U-Bahn-System von Manhattan sensationell und sehr praktisch. Die grösste Wohltat daran ist wahrscheinlich, dass man nicht erst lange Tarife und Zonen studieren muss, sondern für einen *token* (das ist eine Art Fahrchip, den man für zirka 1.50 $ erhält) so weit man will in einer Richtung, entweder *uptown* oder *downtown*, fahren kann. Die Distanz spielt dabei überhaupt keine Rolle – Sie könnten auch 50 Kilometer für einen *token* fahren. Ist das nicht grosszügig?!

Mit jeder Taxifahrt haben Sie in New York Gelegenheit, etwas über Geografie und Politik von mehr als 85 verschiedenen Ländern zu erfahren – von Pakistan über Bangladesch und Haiti bis nach Angola. Nur zehn Prozent der Taxifahrer sind nämlich in den USA geboren. Ich hatte meistens gutgelaunte Fahrer, solche, die mir von ihrem Urlaub in der Schweiz erzählten, die aber auch gern von ihrer Heimat berichteten, die Jazz hörten und dazu auf dem Steuerrad den Rhythmus trommelten, die fröhlich vor sich hin sangen oder auch ständig in Funkkontakt mit ihren Kollegen waren, was manchmal auch nervig sein konnte.

Ein Russe schilderte mir, wie hart der Einstieg in diesen Beruf sei. Die Fahrgäste aus aller Welt murmelten kurz den Bestimmungsort vor sich hin und wollten dann ihre Ruhe haben. Da aber die Sprachkenntnisse des Russen anfangs noch mangelhaft waren, musste er noch einmal nachfragen, wohin er fahren sollte. Und wieder hatte er den flüchtig dahingeworfenen Satz nicht verstanden. Verzweifelt fragte er ein drittes Mal nach – und so mancher Passagier rastete daraufhin aus und nannte ihn einen Idioten (das Wort »idiot« gehörte wahrscheinlich zu den Wörtern, die er ganz schnell lernte). Er sagte mir, dass das für ihn die schlimmste Zeit gewesen sei.

Für einen Taxifahrer in Manhattan ist nur die Strassenbezeichnung wichtig, und darunter versteht man den Namen der Avenue und die Nummer der sie kreuzenden Strasse. Hotelnamen, Theaternamen und Restaurants sind uninteressant. Der Fahrer muss die Strasse und möglichst noch die Hausnummer wissen. Nur so kann er sich im Big Apple orientieren und zurechtfinden, und das muss man als Fahrgast respektieren.

Alle New Yorker Taxi-Driver fahren fast das gleiche Auto, einen Chevrolet, natürlich in der Farbe Gelb. In letzter Zeit drängt aber die Marke *Ford* immer mehr ins Geschäft, und auch *Honda* liefert neuerdings sehr geräumige Taxi-Modelle, beinahe so praktisch wie die typischen Londoner Taxis.

Glauben Sie aber ja nicht, Sie könnten so ein *yellow cab* per Telefon an ihre Haustür bestellen! Da muss ich Sie enttäuschen. Auch Sie müssen den Arm an der Strasse hochhalten, und das sogar bei Regen, wenn Sie in einer Hand den offenen Schirm halten und in der anderen eine Einkaufstasche von *Macy's*. Und der *cab driver* hat die verdammte Freiheit, Sie aufzunehmen oder Sie im Regen stehen zu lassen. Wenn auf dem Taxidach die Aufschrift »TAXI« brennt, ist es in der Regel frei. Wenn aber »OFF DUTY« leuchtet, ist das Taxi »Ausser Betrieb«, weil der Taxi-Fahrer essen geht oder Feierabend hat.

Sollten Sie einmal mit viel Gepäck unterwegs sein und pünktlich ein Fahrzeug benötigen, dann schlagen Sie im Telefonbuch unter Limousinen-Service nach, wo Sie eine Fahrt zum vereinbarten Zeitpunkt zu festen und fairen Preisen buchen können. Diese Limos sind bewusst nicht in gelber Farbe gehalten, und Sie können sie auch nicht am Strassenrand per Handzeichen anhalten. Das ist den *yellow cabs* vorbehalten. In der *rush hour* könnte aber auch so eine Limo auf Ihr Handzeichen hin anhalten, und um Ihre Zeitnot wissend, könnte es sein, dass der Fahrer am Ziel ein wahres Fantasie-Honorar von Ihnen verlangt.

Ich sass wieder einmal in einem gelben Taxi. Nach ein paar Häuserblocks lenkte der Fahrer den Wagen an den Strassenrand und hielt an. Wieso denn jetzt schon? Wir waren doch noch gar nicht am Ziel. Nein, aber der Fahrer hatte Durst und kaufte sich an einem Strassenkiosk etwas zu trinken. Immerhin war er so höflich, mich zu fragen, ob ich auch etwas bräuchte. Doch dann kam es zu einer heissen Taxifahrt, da sich berufliche Rivalen auf der Strasse begegneten. Ich sass im Fond und erlebte, wie uns ein anderes Taxi überholte, uns ständig den Weg abschnitt und schliesslich meinen Driver so in Rage brachte, dass er versuchte, den anderen von der Fahrbahn zu drücken. Ich schrie: »Stop it! I'll don't pay!« Die Situation erschien mir so gefährlich, dass das Sitzpolster schon ganz feucht von meinem Handschweiss war, aber das Duell ging weiter. »I'll give your name to the police!« rief ich meinem Fahrer zu – da kehrte wieder Ruhe ein.

Trotzdem mochte ich die New Yorker Taxi-Driver. Als Andenken an New York habe ich eine gelbe Taxitür mitgenommen. Wo die zu haben sind? Ich lockerte einfach während der Fahrt ein paar Schrauben und habe dann die Tür beim Aussteigen diskret mitgehen lassen … So importiert man heute amerikanische Autos. Ein Stück nach dem anderen.

Oder finden Sie, so eine gelbe Taxitür würde sich besser als Pop-Art-Objekt in einer schönen Wohnung machen?

⋆ ⋆ ⋆ Forget it!

Stellen Sie sich vor, ich komme abends in mein New Yorker Appartement zurück und habe nur einen Gedanken im Kopf: sofort in den Spiegel schauen und mich kontrollieren.

»Wie sehe ich denn aus? Bin ich abgemagert oder verlumpt? Stimmt etwas mit meinen Kleidern nicht? Sehe ich aus wie ein Kranker?«

Können Sie erraten, was mich so verunsichert hat?

Auf meinem täglichen kleinen Rundgang im Quartier leerte ich stets mein Fach in einer kleinen Privatpost. Eines Tages machte ich dort am Kopierer eine Fotokopie. Als ich sie bezahlen wollte, sagte der Pöstler lächelnd: »Forget it!«

Ich war überrascht, auch wenn es nur um 20 Cents ging. Wie würden Sie sich fühlen, wenn plötzlich ein Postbeamter zu Ihnen sagte: »Die Briefmarke schenke ich Ihnen«?

Am gleichen Tag wollte ich mich mittags an der *Madison Avenue* in einem kleinen italienischen Restaurant verpflegen. Leider war kein Tisch mehr frei. Man bat mich an die Bar, wo ich einen Augenblick warten sollte. Ich bestellte einen Aperitif, und schon kurze Zeit später wies man mir ein kleines Tischchen mit Sicht auf die *Madison Avenue* zu. In dieser Strasse sieht man besonders exklusive Passanten. Nach dem Essen, beim Verlassen des Restaurants, fiel mir ein, dass ich den Aperitiv an der Bar noch gar nicht bezahlt hatte. Ich fragte die Barfrau, was ich ihr schuldig sei. Doch anstatt mir den Preis zu nennen, lächelte sie mich an und sagte freundlich: »Forget it!«

Am Abend dieses Tages, es war so gegen acht Uhr, wollte ich mir am Newsstand eines Hotels in der Nachbarschaft noch schnell die *Neue Zürcher Zeitung* kaufen. Der Verkäufer war schon dabei, seinen Laden zu schliessen, rechnete zusammen und sortierte die noch nicht verkauften Tageszeitungen. Dann legte er eine *NZZ* auf den Tisch und riss entlang eines Lineals den Zeitungskopf ab. Als ich bezahlen wollte, sagte er ... ja, was wohl? Genau, er sagte lächelnd: »Forget it!«

Verstehen Sie nun, warum ich zu Hause sofort im Spiegel kontrollieren musste, ob ich aussehe wie ein Clochard, der seine letzten Cents zusammenkratzen muss?

Forget it, das sind zwei Wörter, die ich so schnell nicht wieder vergessen werde. Ob das auf deutsch auch so sympathisch tönt? »Vergiss es!« Das klingt wie ein Befehl. Wechseln wir lieber zum Schweizer Dialekt: »Isch scho guet!«.

Eine Amerikanerin erzählte mir, dass sie in der Schweiz Ferien gemacht habe und nicht mehr genau wusste, ob in Schweizer Restaurants das Trinkgeld schon im Preis inbegriffen ist oder nicht. Um nichts falsch zu machen, suchte sie mühsam in ihrem Portemonnaie nach Schweizer Münzen. Jetzt wäre es am Kellner gewesen, zu lächeln und zu sagen: »Forget it!« Als die Dame ihm dann einen Franken Trinkgeld in die Hand drückte, fragte er enttäuscht: »Ist das alles?«

Ahnen Sie schon, was ich zu der Frau gesagt habe, nachdem sie mir diese Geschichte erzählt hat?

»Forget him!«

★ ★ ★ Apropos Service …

Ich musste dringend mein kaputtes Laptop einschicken, hatte aber kein richtiges Verpackungsmaterial zu Hause. Ich ging zu meiner kleinen Post. »No Problem«, sagte man, packte gratis den Gegenstand absolut fachmännisch ein und verschickte ihn.

★

Beim Coiffeur wurden mir während des Haareschneidens die Schuhe poliert.

★

Als wir nach einem Monat zum zweiten Mal im gleichen Restaurant erschienen, um dort *spaghetti al burro* zu essen, fragte der Kellner: »Darf ich Ihnen wieder den gleichen Tisch geben wie das letzte Mal?«

★

Bei einer IMAX-Kino-Vorführung gab es eine Panne und der Film musste für 20 Minuten unterbrochen werden. Als kleine Entschädigung erhielt jeder Kinogast am Ausgang einen Gutschein für eine Gratis-Cola, versehen mit dem Satz: »Wir wollen nur das Beste für Sie und geben uns alle Mühe, dass solche Pannen nicht mehr passieren.«

★

Ich probierte in der *Madison Avenue* in einem Schuhladen ein paar Schuhe an. Als ich mich für den Kauf entschieden hatte, fand ich meine gebrauchten Schuhe nicht mehr. An der Kasse erhielt ich sie zurück. Sie sahen aus wie neu. Ich bedankte mich für den überraschenden Service und erhielt zur Antwort:

»Wir sind die Nummer Eins in der City und wollen es auch bleiben.«

★

Mit meinem Sohn ging ich im *Royalton*-Restaurant essen. Wir bestellten ein Fleischgericht, hatten aber scheinbar die Menukarte falsch übersetzt, denn der Kellner servierte uns Hirn. Das konnten wir beim besten Willen nicht essen. Anstandslos wurden die Teller wieder abgeholt, und wir bestellten etwas anderes. Das Hirn wurde nicht berechnet.
(Am liebsten hätte ich hier geschrieben: ... und das Hirn durften wir im *doggy bag* mit nach Hause nehmen!)

★ ★ ★ En Guete!

In meinem New Yorker Appartement besass ich nur eine ganz kleine Küche. Der Immobilien-Broker hat mich aber getröstet und mir erklärt:

»In New York geht man essen, da kocht man nicht selbst.«

Auch wenn ich kein waschechter New Yorker war, hielt ich mich an diese Philosophie.

Während der ersten drei Jahre ass ich sehr viel auswärts. Ich hatte zwar meistens eine Begleitung bei mir – eine Zeitung oder ein Buch –, aber mit der Zeit stellte ich fest, dass ich der einzige Gast war, der vor und nach dem Essen in eine Zeitung schaute. Dabei war es doch so gemütlich, bei einem Espresso noch ein bisschen sitzen zu bleiben und zu lesen. Das musste ich mir aber abgewöhnen, denn mit dem letzten Bissen kam auch schon die Rechnung. Ob man noch einen Kaffee wolle, wurde man nur ganz selten gefragt – wahrscheinlich war die Rendite zu klein. Viel wichtiger war, dass der besetzte Tisch wieder frei wurde, damit man neue Kunden platzieren konnte.

Ein europäischer Magen hat ja seinen eigenen Rhythmus. Mittagessen um 12 Uhr, daran war ich gewöhnt. Oft befand ich mich deshalb schon ein paar Minuten vor zwölf im Restaurant. So erlebte ich ab und zu mit, wie das Personal sich vor dem Ansturm versammelte, um Instruktionen entgegen zu nehmen. Die Kellner standen meist im Halbkreis vor ihrem Chef de Service, der dann jeden Namen von der Reservationsliste laut und deutlich vorlas und zu jeder einzelnen Person erklärte, welchem Beruf sie nachging und welche Vorlieben sie hatte. Und abschliessend hängte er noch zwei Sätze an:

»Wir können jeden Wunsch unserer Gäste erfüllen! Und wenn ich noch einmal sehe, dass einer von euch seinen blossen Daumen auf dem Tellerrand platziert, dann kann er sofort gehen.«

Damit war die tägliche Instruktion abgeschlossen, und jeder suchte seinen Platz auf. Das hat mir jeweils grossen Eindruck gemacht.

Natürlich können in New Yorker Restaurants die Gäste viel besser verwöhnt werden als bei uns, allein schon, weil es viel mehr Personal gibt, das allerdings auch wesentlich schlechter als bei uns bezahlt wird.

Kaum haben Sie ein Restaurant betreten, kommt auch schon jemand, um Ihnen den Mantel abzunehmen und ihn an der Garderobe aufzuhängen. Eine andere Person begleitet Sie an den Tisch, und sofort bringt ein Kellner Brötchen und Butter, und ein anderer schenkt Ihnen Trinkwasser ins Glas. Ein weiterer Kellner kommt an den Tisch, stellt sich, die Hände auf dem Rücken, mit seinem Namen vor und zählt Ihnen auswendig alle Menüs und Tages-Spezialitäten auf, wobei er Ihnen dabei immer aufmerksam in die Augen schaut. Anschliessend reicht er Ihnen die Menükarte, sodass Sie alles in Ruhe nachlesen können. Mit dem Versprechen, dass er in ein paar Minuten zurückkommen werde, um die Bestellung aufzunehmen, lässt Sie nun der Kellner allein.

Wenn ich in Europa ein Restaurant betrete, begrüsst mich meistens keiner, und etwas verunsichert suche ich mir einen Platz. Kommt dann endlich ein

Kellner mit ernster Miene, Block und Bleistift an meinen Tisch, sagt er trocken:

»So!!«

Das heisst so viel wie: »Guten Tag, schön, dass Sie bei uns sind, was möchten Sie essen, möchten Sie etwas trinken?«

Alles in diesem kleinen Wörtchen »So!« enthalten. Praktisch!

Als ich beim Essen in New Yorker Restaurants noch Zeitung las, entdeckte ich einmal einen Artikel über das Leben von Singles in New York und staunte nicht schlecht. Da stand schwarz auf weiss geschrieben, dass Menschen, die allein im Restaurant sitzen, meistens schwierige Charaktere seien und deshalb keine Freunde hätten, denn sonst wäre es doch ganz normal, dass sie *en compagnie* zum Essen gingen.

Etwas nachdenklich faltete ich meine Zeitung zusammen, verlangte die Rechnung, bezahlte und verliess etwas geniert das Lokal. Musste ich nun meine Verpflegungstaktik ändern? Sollte ich vielleicht zukünftig beim koreanischen Lebensmittelhändler, der eine grosse Auswahl an vorgekochten Speisen offerierte, einkaufen? Nein, dieser Versuchung konnte ich widerstehen. Rund um die Uhr schmorte da das Fleisch in einer Sauce vor sich hin, die Teigwaren und der Reis lagen in offenen, geheizten Behältern, der Broccoli brodelte endlos im Wasser. Konnten denn diese Sachen überhaupt noch schmecken? Auch unter hygienischen Gesichtspunkten ist das sicher nicht so ganz unproblematisch.

Verweigert habe ich mich auch den mobilen Hot-Dog- und Bretzel-Ständen, die man an allen Strassenecken antrifft. Die armen Verkäufer stehen den ganzen

Tag mit ihrem fahrbaren Verkaufsstand am Strassenrand, haben kein fliessendes Wasser und keine Toilette. Händewaschen ist also nicht möglich, obwohl sie ständig mit den von Dollarscheinen beschmutzten Fingern Würstchen in die Brote stecken müssen. Okay, das könnte man noch irgendwie verschmerzen. Aber nachdem ich einmal beobachtet hatte, wie ein Verkäufer hinter dem Wägelchen seine Schuhe und Socken auszog und sich daraufhin mit den Fingern zwischen den Zehen sauber machte, war mein Hot-Dog-Hunger ein für alle Mal gestillt.

Wussten Sie, dass ich ein leidenschaftlicher Brotesser bin? Von den Schweizer Bäckern bin ich natürlich eindeutig verwöhnt worden. Die Brotqualität in der Schweiz ist einmalig. In New York war es schon etwas schwieriger, einen guten Bäcker zu finden. Aber an der *Third Avenue* kannte ich eine fabelhafte Bäckerei. Zum Frühstück ein gutes Stück frisches Brot, das wäre schon herrlich gewesen, aber jeden Morgen zwanzig Minuten zu Fuss zum Bäcker laufen und wieder zurück oder zehn Dollar für ein Taxi bezahlen, das war es mir dann doch nicht wert.

Einmal klingelte abends bei mir das Telefon und eine Männerstimme meldete sich:

»Bist du in einer Stunde noch zu Hause? Ich komme rasch vorbei und deponiere etwas beim Concierge.«

Der Schweizer Fotograf, ein Freund von mir, war soeben am Flughafen angekommen. Eine Stunde später holte ich beim Concierge eine Einkaufstüte der Flughafen-Bäckerei aus Zürich ab. Und was fand ich darin? Ein Kilo frisches Schweizer Brot und ein grosses Stück Emmentaler Käse.

Ich konnte mich keine Minute zurückhalten, setzte mich sofort an den Tisch und verschlang diese kostbaren Spezialitäten noch spät abends. Der Süssmost in meinem Kühlschrank hatte scheinbar nur auf diesen Moment gewartet. Es war ein kleines Festessen. Beim amerikanischen Emmentaler – leider ist der Name nicht geschützt – hatte ich immer das Gefühl, ein Stück Weichplastik im Mund zu haben.

Ich hörte später, es sei gar nicht so aussergewöhnlich, dass sich Schweizer vor ihrem Abflug nach Amerika in Zürich-Kloten mit Brot eindecken. Teilweise füllen sie ganze Koffer damit, um es dann in New York sofort einzufrieren. Ein Zollbeamter am *Kennedy Airport* muss einmal grosse Augen gemacht haben, als ein Passagier seinen Koffer öffnete und nichts als Brotlaibe darin verstaut waren.

Fünfzig Meter neben meinem Hauseingang gab es ein Restaurant namens *Prime Burger*. Ich hatte immer angenommen, dass dort nur Hamburger serviert würden. Eines Morgens fühlte ich mich so ausgehungert, dass ich ganz schnell ein Frühstück benötigte. So wagte ich zum ersten Mal einen Schritt in diese Gaststätte. Ich bestellte zwei Spiegeleier mit Toast und Butter und einen Tee. Als ich später den freundlichen Kellner um die Rechnung bat, schrieb er auf seinen Rechnungsblock eine Zahl, legte mir den Zettel auf den Tisch und erklärte, ich müsse am Ausgang bezahlen.

Ich guckte den Zettel an und fragte den Kellner: »Was bedeutet die Zahl *two zero nine?*«

»Das ist der Betrag, den Sie bezahlen müssen.«

»209?« wiederholte ich skeptisch.

»Ja, zwei Dollar, neun Cents.«

Aha, das soll zwei Dollar und neun Cents heissen. Ich war etwas perplex. Ein Frühstück mit zwei Spiegeleiern, einem Tee, Butter und Toast zu diesem Preis?

Natürlich ging ich von da an öfter zum *Prime Burger* frühstücken, bis ich eines Tages in der Gesundheitsecke einer Zeitung las, dass man wöchentlich nicht mehr als zwei Eier essen solle.

Wie man's macht, macht man's falsch! Sollte ich in Zukunft doch lieber eine Wohnung mit grosser Küche und dafür kleinerem Wohnzimmer beziehen? Wer weiss, vielleicht würde mich dann in so einer Hightech-Küche mit allen Schikanen doch noch das Kochfieber packen.

★ ★ ★ Wer suchet, der findet

Nein, liebe Leser, ich habe in New York nichts Spezielles gesucht, weder einen neuen Job, noch eine Frau ... Gesucht haben aber andere, weil sie unbedingt herausfinden wollten, wo der Emil in Manhattan lebt. Ich hatte meine Adresse absichtlich nur den engsten Freunden mitgeteilt, weil ich mir schon vorstellen konnte, dass einige New-York-Reisende gern nachgesehen hätten, wo sich denn dieser Ausreisser Emil im grossen Big Apple versteckt hält.

Nach zirka einem Jahr blies dann eine Schweizer Zeitung zum Generalangriff. Ich hatte dieser Zeitung einmal ein von meinem Fenster aus geknipstes Foto zur Veröffentlichung gegeben. Anhand der märchenhaften Aussicht auf dem Foto haben sie später mein Wohnquartier ermittelt. Nun schickte man, wie ich später erfuhr, einen Journalisten nach New York, der in meiner Wohngegend ein Gebäude nach dem anderen abklapperte und sich beim Concierge nach einem Mister Steinberger erkundigte. Und zwar fragte er nicht etwa: »Wohnt hier ein Mister Steinberger?« sondern: »Ich habe eine Verabredung mit Herrn Steinberger. Würden Sie ihn bitte informieren, dass ich da bin.«

Nachdem er schon viele negative Antworten erhalten hatte, kam er schliesslich in ein Haus, wo der Concierge sofort reagierte: »One moment please. I'll give him a call«, und da wusste der Journalist natürlich, dass er das richtige Haus gefunden hatte.

Auf einer Doppelseite wurde dann in der Zeitung der *Olympic Tower* abgebildet. Die Stockwerke wurden abgezählt, mein Appartement gekennzeichnet, und auf einem Stadtplan markierte man mit einem grossen Pfeil den genauen Standort des Gebäudes. Hätte ich mich aber an dieser Markierung auf der Strassenkarte orientiert, hätte ich nicht mehr nach Hause gefunden, sondern wäre stattdessen in der *Berlitz School* im *Rockefeller Center* gelandet.

Voller Stolz schrieb die Zeitung: »Wer sucht, der findet auch die Nadel im Heuhaufen. *SonntagsBlick* hat in New York nach Emil gesucht – und ihn gefunden. Im 26. Stock eines der berühmtesten Wolkenkratzer in Manhattan.«

Was danach geschrieben stand, war auch für mich neu.

Aristoteles Onassis, der griechische Reeder und Milliardär, liess den *Olympic Tower* errichten – als Symbol für seinen wirtschaftlichen Erfolg. Die obersten zwei Etagen des 51-stöckigen Hochhauses reservierte er für sich, das Dach diente dem griechischen Tycoon als Helikopter-Landeplatz, und im Swimmingpool, hoch über Manhattan, wollte jeder gern mal baden …

Der saudiarabische Waffenhändler und Financier Adnan Kashoggi habe sich gleich sechs Appartements gekauft, und auch Imelda Marcos, die skandalumwitterte Gattin des Ex-Präsidenten der Philippinen, habe sich im 43. Stock eine traumhafte Sieben-Zimmer-Wohnung geleistet.

Ich war Mieter eines *one bedroom apartments*. Die Küche war 1.80 x 2 Meter gross und besass keine Fenster. *One bedroom*, darunter versteht man in den USA nicht ein Einzimmer-Appartement, sondern eine Wohnung mit *einem* Schlafzimmer zusätzlich zum Wohnzimmer. Das Schönste an meiner Wohnung war für mich, dass ich zwei sehr helle Räume besass, weil die Fenster von der Decke bis zum Boden und über die ganze Wandbreite gingen. Getönte Scheiben verhinderten, dass man aus umliegenden Bürohochhäusern in meine Wohnung hätte schauen können. Jeden Morgen schien die aufgehende Sonne voll in mein Schlafzimmer. Der Ausblick morgens früh war so wohltuend, dass ich mir etwas Besseres für den Tagesanfang gar nicht hätte wünschen können.

Vom Fenster aus konnte ich mitverfolgen, wie sich die Bäume des *Central Parks* übers Jahr hinweg farblich veränderten. Ich sah aber auch den Verkehr auf der *Fifth Avenue* und konnte bis nach Harlem gucken. Weil die meisten Gebäude bis Mitternacht Licht in den Büroräumen haben (für die Putzequipen), war für mich auch der nächtliche Ausblick imposant. Im Winter wehten manchmal die Schneestürme so heftig ums Haus, dass ich nicht einmal mehr das Nachbarhaus sehen konnte. Dann fühlte ich mich im 26. Stock beinahe wie losgelöst von der Erde, schwebend, nur noch Schneeflocken um mich herum. Als es einmal extrem stark schneite, ging der Bürgermeister persönlich in den *Central Park*, um die Rekordhöhe von 50 Zentimetern Schnee zu messen. Gleichzeitig verkündete er über die Medien, dass die Kinder nicht zur Schule gehen und auch die in Manhattan Arbeitenden zu Hause bleiben sollten, damit es kein totales Verkehrschaos gäbe. Und dann sah ich auch schon von meinem Fenster aus die ersten Ski-Langläufer auf der *Fifth Avenue*!

Ja, New York ist eine umwerfende Stadt, die ständig Überraschungen für einen bereithält.

Jetzt wissen Sie also, wo genau ich wohnte. Mitten im Herzen von Manhattan, neben der *St. Patrick's Cathedral*, schräg gegenüber vom *Rockefeller Center*.

Es gab aber auch noch Leute, die auf andere Art nach mir suchten, nämlich im Telefonbuch von New York City. Darin gab's immerhin fünf verschiedene Steinbergers. Und sogar den Eintrag »E. Steinberger« konnte man da finden. Voller Vorfreude riefen einige dort an und ... es meldete sich eine Frau.

»Er lebt also nicht allein«, war dann vielleicht der erste Gedanke. Als man aber nach mir verlangte, erklärte eine 82-jährige, deutschstämmige Dame namens Erna, dass sie keinen Emil kenne. Manche klärten sie darüber auf, dass ich ein Komiker sei. Nach diesem Telefonat war man meistens mit seinem Detektiv-Latein am Ende, und die Suche nach mir wurde ergebnislos aufgegeben.

Auch ich rief eines Tages bei Erna Steinberger an und entschuldigte mich für die vielen lästigen Störungen. Daraus entstand dann ein sehr interessantes Gespräch über die Vergangenheit und die Lebenseinstellung dieser alten, aber noch sehr aktiven Dame.

★ ★ ★ Woody Nobody

Als ich mich einmal am *Times Square* aufhielt, stürmte plötzlich eine ältere Dame auf mich zu:

»De Emil, de Emil!« Sie hielt mich einfach am Arm fest und zwang mich, stehen zu bleiben. Dann rief sie mit kräftiger Stimme:

»Hans! Hans! Komm schnell!« und zu mir: »Wissen Sie, ich habe im Flugzeug zu meinem Mann gesagt, der Emil lebt doch jetzt auch in Manhattan, vielleicht sehen wir ihn ja. Aber mein Mann hat nur höhnisch gelacht und gesagt, dass sei nicht möglich in einer Stadt mit sieben Millionen Einwohnern, dass man da ausgerechnet dem Emil begegne.«

Sie hielt mich immer noch am Arm fest. Mittlerweile war auch Hans bei uns angekommen. Sie strahlte ihren Mann an:

»Schau, ich hab's dir ja gesagt, dass wir den Emil treffen! Da ist er!«

Selbstverständlich haben wir noch das obligatorische Souvenirfoto gemacht. Diese unverhoffte und einmalige Begegnung musste doch festgehalten werden.

Mit meiner Frau schlenderte ich an einem regnerischen Tag durch die *Park Avenue*. Plötzlich sagte Niccel zu mir:

»Du, da kommt der Woody Allen mit seiner jungen Frau.«

Ich erwiderte sofort:

»Wir gucken nicht hin!« und wir bemühten uns, unsere Blicke abschweifen zu lassen, aber insgeheim registrierten wir trotzdem seine grosse Brille, seine spitzbübischen Augen, den Hut, den er tief ins Gesicht gezogen hatte und seine grüne Regenjacke. Als er vorbei war, sagte Niccel:

»Eigentlich hätten wir ihm ganz kurz in zwei Sätzen zu seinem Film ›Everyone says I love you‹ gratulieren sollen. Er hätte sich sicher gefreut.«

Ich war nicht dieser Meinung, denn schliesslich waren wir nicht die einzigen, die ihn erkannten, und wenn ihm alle hundert Meter Passanten zu seinen Filmen gratuliert hätten, wäre er wohl nie zu Hause angekommen.

Wir freuten uns aber darauf, ihn einmal live bei einem seiner Montags-Jazzkonzerte mit seiner kleinen Band im Hotel *Carlyle* erleben zu können. Zu früh gefreut! Die Konzerte waren immer ausverkauft, und vor der Tür wartete jedesmal eine riesige Menschentraube, in der Hoffnung, es gäbe doch noch ein paar freie Sitzplätze. Auch wir hofften darauf. Manchmal öffnete sich die Tür, und wir konnten für einen kurzen Augenblick das Konzert von draussen miterleben.

Die Zuhörer sassen an ihren Tischen, dinierten und starrten permanent auf Woody Allen, der mit seiner Klarinette immer in der gleichen Haltung da sass und unentwegt auf den Boden guckte.

»Er muss doch die vielen Blicke spüren«, sagte ich zu Niccel. »Oder es stört ihn, während des Spielens laufend die mit Gabel und Messer hantierenden Gäste sehen zu müssen, die vermutlich sowieso nicht wegen der Musik gekommen sind.«

Neben mir hörte ich jemanden sagen:

»Er ist ja auch nicht mehr der Jüngste. Man weiss nie, wie lange es ihn noch gibt.«

Lieber Woody Allen, möchtest du nicht auch mal wieder ein Mister Nobody sein? Es tut so gut!

★ ★ ★ Hollywood am Hudson

Viele Fans, die mitbekommen hatten, dass ich nach Amerika zog, dachten, ich wolle nun meine Film- oder Bühnenkarriere in den Vereinigten Staaten fortsetzen. Aber damit lagen sie vollkommen falsch. Ich strebte es weder an, wieder auf die Bühne zu gehen, noch wollte ich als Schauspieler für den amerikanischen Film entdeckt werden. Erstens fühle ich mich nicht als Schauspieler – als Kabarettist benötigt man ganz andere Fähigkeiten –, und zweitens liebe ich es gar nicht, Texte fremder Autoren interpretieren zu müssen.

Ich erinnere mich noch gut daran, als wir für den Schweizer Film »Videoliebe« (Kassettenliebe) eine Szene in einem Zürcher Hotel drehen mussten. Es handelte sich um die letzte Drehsequenz des Tages. Das ganze Hotelpersonal und die Hoteldirektion hatten sich neugierig versammelt, denn das Gerücht ging um, dass es sich um eine intime Kussszene mit Emil handle. Der Regisseur, Rolf Lyssy, gab uns unsere genaue Position bei der Garderobe bekannt.

»Action!« rief Rolf so laut, dass ich richtig erschrak und der Beginn der Kussszene etwas zu hektisch ausfiel. Wir brachen sofort wieder ab.

»Action!« ertönte es abermals, und ich nahm genau nach Drehbuchanweisung meine Partnerin in den Arm, um ihr einen Kuss auf die Lippen zu drücken.

»Stop!« rief der Regisseur energisch. »Hey, Emil, wohin küsst du denn die Frau? Du küsst sie ja auf's Kinn! Nochmal das Ganze von vorne!«

Wir stellten uns wieder in die Ausgangspositionen.

»Action!« schrie Rolf zum dritten Mal, und die anwesenden Kellner und Kellnerinnen, Hotelmanager und Gouvernanten reckten neugierig ihre Hälse. Aber schon nach ein paar Sekunden unterbrach uns wieder die Stimme des Regisseurs:

»Stop! Nein, Emil, so geht das nicht! Küsst du immer so? Du küsst sie ja immer auf das Kinn statt auf den Mund!«

Die Zuschauer lachten. Ich lief knallrot an. Nein, so ging es wirklich nicht weiter. Ich nahm Rolf zur Seite und sprach leise, aber bestimmt auf ihn ein. Er solle doch einmal die Kameraposition kontrollieren, denn ich könne eigentlich Lippen und Kinn ganz gut auseinander halten. Und ausserdem müsse er eine passende Atmosphäre für diese Drehsequenz schaffen. Sein Geschrei und all die Zuschauer seien ja nicht unbedingt die beste Voraussetzung für so eine intime Szene. Er verstand sofort und verkündete den Drehschluss für den heutigen Tag.

Die Zuschauer zogen sich zurück und waren wahrscheinlich froh, dass sie zu Hause etwas von Emil und seiner ungeschickten Art des Küssens erzählen konnten. Wir aber drehten ohne ihr Wissen die Kussszene im kleinsten Kreise noch einmal, und zwar ganz ohne Probleme in Sachen Kuss-Treffsicherheit. Sie gehen wahrscheinlich mit mir einig, so viel Geduld würde man in Hollywood nicht für mich aufbringen.

Aber was rede ich denn von Hollywood? Wussten Sie, dass es mittlerweile ein zweites Hollywood gibt, und zwar am *Hudson River*?

Wenn man durch New York flaniert, ist es gar nicht ungewöhnlich, dass man plötzlich auf eine Strasse stösst, die für den Verkehr gesperrt ist. Teure Wohnwagen und riesige Sattelschlepper lassen einen ahnen, dass hier etwas Besonderes vor sich geht. Arbeiter montieren Scheinwerfer und verlegen meterweise Kabel, andere rauchen gemütlich eine Zigarette, wieder andere springen hektisch hin und her, telefonieren und versuchen immer wieder, die Passanten umzuleiten, die teils neugierig und interessiert das Geschehen verfolgen, teils aber auch darauf bestehen, diese und keine andere Strasse zu überqueren. Es wird gepudert und an Kleidern gezupft, und spätestens jetzt wissen auch Sie, was hier passiert: Es wird gefilmt.

Die Amerikaner lieben das Filmmetier, und oft stehen hunderte Neugieriger stundenlang geduldig hinter den Absperrungen, um die Dreharbeiten zu beobachten und vielleicht für einen flüchtigen Augenblick einen Star zu sehen.

Und plötzlich hört man wieder das Wort »Action!« Einige Statisten laufen wie Passanten in die verschiedensten Richtungen. Ein Mann rennt aus einem Haus heraus und steigt eilig in ein Auto. Schnitt!

Keiner der Zuschauer konnte erkennen, um welchen Schauspieler es sich handelt. Vielleicht ist er noch gar nicht bekannt. Egal, die Zuschauer harren weiter aus. Nach zehn Minuten wird dieselbe Szene wiederholt. Und dann wird plötzlich zusammengeräumt. Drehschluss. Ein Hauch von Hollywood, mitten auf New Yorks Strassen.

Wenn ich jeweils mit Fernsehteams in Manhattan unterwegs war, um kleine Interviews zu drehen, fragten die Passanten immer wieder einen vom Filmteam: »Is he a famous person?«, schauten uns eine Weile zu, ohne ein Wort zu verstehen, und gingen dann meist mit einem freundlichen Lächeln an mir vorbei.

Natürlich kann man in New York nicht einfach so, ohne Bewilligung, Profi-Aufnahmen machen. New York ist tatsächlich zu einer Film-Metropole geworden. Der Bürgermeister von Manhattan hat es bestens verstanden, die Stadt für das Filmbusiness zu vermarkten. Schon 1992 baute er ein eigenes Filmdepartement auf, das den Filmschaffenden jeden erdenklichen Service anbieten sollte, wie zum Beispiel die Hilfe beim Suchen guter Drehorte, unbürokratisches Abwickeln von Film-Gesuchen bis hin zur guten Zusammenarbeit mit der Polizei, die für die Strassenabsperrungen zuständig ist. Allein in New York arbeiten bereits 78 000 Menschen in rund 4000 Betrieben des Filmbusiness'. Dazu kommen noch ungefähr 40 000 Menschen, die in den Verwaltungen der grossen Fernseh- und Unterhaltungskonzerne beschäftigt sind. Im Jahr 1998 wurden in New York über 300 Filme gedreht. Die Stadt ist auch zum Zentrum für die Organisation des *Unabhängigen Films* geworden, wo Filme mit einem Budget von bis zu sechs Millionen Dollar realisiert werden.

Es heisst, dass in Manhattan das Filmen noch eine Sache des Herzens und weniger des Geldes sei. Und dennoch fliesst auch hier eine Menge Geld in die Stadtkassen. New York kassiert jährlich an die hundert Millionen Dollar allein durch das Filmbusiness.

Wussten Sie, dass sogar Steven Spielberg mit seiner Familie Hollywood verlassen hat, um nach New York zu ziehen? In einem Interview erklärte er, dass Los Angeles immer mehr zu einem Filmmoloch verkomme.

Jeder, dem man begegne, arbeite in der Filmbranche. Man könne über nichts anderes als das Showbusiness diskutieren. Und wenn man jemandem in einem Restaurant etwas Vertrauliches über Filmprojekte erzähle, bespitzeln einen die Tischnachbarn, um die Idee gleich weiter zu tragen, denn auch sie gehören mit grosser Wahrscheinlichkeit zur Filmbranche.

Aber nicht nur Regisseure lieben New York als Drehort, auch die Filmstars selber fühlen sich in dieser Stadt wohl, weil sie sich in den Drehpausen nicht in einer nachgebauten Filmkulisse, sondern in einer richtigen Stadt mit einem normalen, pulsierenden Alltagsleben bewegen können. Ein grosser Filmproduzent meinte, dass man in Hollywood oft versucht habe, das New Yorker Milieu nachzubauen, es aber ein unmögliches Unterfangen sei, denn allein schon die New Yorker Müllsäcke besässen einen unnachahmlichen Charakter und auch die New Yorker Bevölkerung liesse sich nicht durch Statisten darstellen, denn die Menschen in dieser Stadt besässen ganz eigene Gesichtszüge.

Natürlich hat alles immer zwei Seiten, und so gibt es auch im Big Apple Menschen, die wenig Freude an der Filmstadt New York haben. Es kann nämlich durchaus vorkommen, dass jemand sein Haus nicht verlassen darf, weil vor der Haustüre gerade eine Filmszene abgedreht wird. Oder aber es werden gleich ganze Strassenzüge durch das Filmequipment so blockiert, dass man nicht mehr mit dem Auto bis zum Haus fahren kann. Nachts wird natürlich auch gedreht, und das bedeutet, dass die Strassen künstlich ausgeleuchtet werden und dadurch die Nachtruhe gestört wird. Einmal sollen bei Dreharbeiten verärgerte Anwohner plötzlich die Fenster aufgerissen haben, um ihrem Ärger über die lästigen Störungen laut und deutlich Luft zu machen. Andere Anwohner gehen noch radikaler vor, indem sie sich mit Spritzpistolen bewaffnen und damit auf die empfindlichen Filmscheinwerfer schiessen. Aber dem Erfolg von New York als ganz einmaliger Filmstadt tut all dies keinen Abbruch.

Mittlerweile rüsten aber die Film-Universitäten in Californien auf, indem sie ihre Studenten vor allem im Bereich der Computer-Animation ausbilden. Virtuelle Computerfiguren und -landschaften sollen schon bald die teuren Filmstars ablösen, und auch Drehorte wie Tribecca oder Brooklyn wird man in Zukunft digitalisiert darstellen. Auch Wind und Wetter wird man bei diesen Dreharbeiten nicht mehr ausgesetzt sein. Der Computer liefert jedes gewünschte Ambiente.

Damit würde sich dann auch die Frage erübrigen, was man machen muss, damit den Filmstars im kalten New Yorker Winter beim Sprechen nicht immer der störende Atemhauch aus dem Mund strömt. Wollen Sie es trotzdem wissen?

Man lege dem Darsteller kurz vor dem Dreh ein paar Eiswürfel auf die Zunge und erzeuge damit im Mund die gleiche Temperatur, wie sie aussen herrscht.

Jetzt würde mich nur noch interessieren, ob Schauspieler bei einer Kussszene im Winter die Eiswürfel untereinander austauschen? Vielleicht sollte ich mal Rolf Lyssy fragen.

★ ★ ★ Grünes Licht

Als ich wieder einmal einen kurzen Abstecher in die Schweiz machte, verabredete ich mich mit meinem Sohn Philipp in einem Hotel zum Mittagessen.

Beim Hotel angekommen, suchte ich mit dem Auto die Einfahrt zur Parkgarage. Ich musste links abbiegen. Die Ampel zeigte Rot. Ich stand an erster Stelle vor der Ampel. Dann wechselte sie auf Grün. Im selben Moment sah ich, dass auf der gegenüberliegenden Fahrbahn ein Radfahrer mit grossem Tempo bergab fuhr. Ich wusste nicht, ob er vorher abbiegen oder ob er meinen Weg kreuzen würde. Sicherheitshalber wartete ich also ein paar Sekunden, bevor ich losfuhr und zur Tiefgarage abbog. Sofort ertönte hinter mir ein nervöses Hupkonzert. Im Rückspiegel erblickte ich eine Fahrzeuglenkerin, die verständnislos den Kopf schüttelte. Etwas genervt öffnete ich meine Autotür und rief ihr zu:

»Kann ich helfen?«

Natürlich wusste ich, dass sie meinetwegen gehupt hatte, weil ich nicht gleich losgefahren war. Von Amerika her war ich aber mittlerweile an ein kollegialeres Fahrverhalten gewöhnt.

Ich fuhr also in die Parkgarage. Im ersten Untergeschoss gab es keine freien Plätze mehr, also fuhr ich ins zweite. Plötzlich fiel mir auf, dass mir ein Auto folgte. Ich fuhr noch ein Stockwerk tiefer. Das Auto blieb dicht auf meinen Fersen.

Im untersten Geschoss angekommen, suchte ich nach einem freien Parkplatz, was gar nicht so leicht war. Dicht hinter mir folgte mir immer noch das Auto.

Was soll denn das?! fragte ich mich. Sonst war weit und breit niemand zu sehen. Eine ungemütliche Situation. Ich kam mir fast vor wie in einem Fernsehkrimi. Endlich fand ich dann doch noch einen Platz und stellte mein Auto ab. Direkt hinter mir blieb das Auto stehen. Ich beobachtete es eine Weile im Rückspiegel, atmete dann tief durch und stieg aus.

Im gleichen Augenblick öffnete sich die Fahrertür des anderen Autos, und die Frau, die mich kurz zuvor an der Ampel angehupt hatte, stieg aus und rief mir zu:

»Ich wollte Ihnen nur sagen: wenn's grün ist, fährt man!«

Ich versuchte, ihr kurz zu erklären, dass ein Velofahrer …, aber sie unterbrach mich sofort und erklärte nochmals, diesmal mit merklich lauterer und höherer Stimme:

»Wenn's grün ist, fährt man!« Dann stieg sie ein, schlug ihre Tür zu, brauste davon, und es herrschte wieder Totenstille im Parkhaus.

Als Autofahrer wurde mir bei diesem kurzen Schweizaufenthalt folgende wichtige Lektion erteilt: Passiere vor einem Auto was wolle, wenn die Ampel Grün zeigt, fährt man!

★ ★ ★ Autos, Pech und Pannen

Ich muss ehrlich gestehen, dass ich in den USA das Reisen im Auto als ausserordentlich angenehm empfinde. Und die Gründe dafür sind vielleicht gar nicht die, an die Sie jetzt denken.

Irgendwie läuft in den Staaten der Verkehr anständiger, leiser, gemässigter und weniger hektisch. Das könnte daran liegen, dass die amerikanischen Autos meistens mit Automat fahren. Das temperiert automatisch die Fahrweise, weil man gar nicht erst in Versuchung kommt, bei jedem Gangwechsel die Tourenzahl seines Motors auszureizen. Kommt noch dazu, dass amerikanische Autos meistens mit Sechszylinder-Motoren ausgestattet sind, was nochmals den Lärmpegel senkt. Nicht zu vergessen sind natürlich auch die Tempolimits, die ausserorts in der Regel bei 105 Stundenkilometern liegen. Auch das hat erzieherische Wirkung.

Als Europäer denkt man immer, dass man doch so ein Schneckentempo gar nicht freiwillig einhalten könne. Vor allem in flachen Gebieten gibt es Strassen, die mehr als zehn Kilometer lang schnurgerade sind. Da ist dann Charakter gefragt, damit man den Versuchungen des Schnellerfahrens widerstehen kann. Können Sie sich in Deutschland eine zehn Kilometer lange Strasse ohne Kurve vorstellen, auf der jeder brav mit 105 Stundenkilometern dahingondelt? Kaum. Aber im Reiseland USA beginnt man dann, die ständig wechselnden Landschaften und den Himmel, der sich laufend farblich verändert, zu bewundern – und schon geniesst man das stressfreie Autofahren.

Ja, ich gebe zu, wenn man im Urlaub ist, und nicht unter beruflichem Zeitdruck steht, ist Autofahren sowieso etwas anderes. Aber in Europa habe ich auch schon Urlaubsreisende gesehen, die nicht schnell genug unterwegs sein konnten.

Verkehrskontrollen gibt es natürlich in Amerika auch. Man sollte sich besser nicht in Sicherheit fühlen, wenn weit und breit kein Gebüsch oder Häuschen in Sicht ist, hinter denen sich die Polizei zur Radarkontrolle versteckt haben könnte. Vergessen Sie nicht, dass die Polizei auch über Helikopter verfügt und so die Raser ganz diskret von hinten ins Visier nehmen kann.

In Californien mietete ich für eine Reise ein Auto bei *Hertz*. Es war Samstagnachmittag in einer mittelgrossen Stadt. Mässiger Verkehr. Ich kam an eine Kreuzung und bog nach rechts in eine vierspurige Strasse ab. Als mir ein paar Autos in voller Fahrt entgegenkamen, stellte ich erschrocken fest, dass ich verkehrt in eine Einbahnstrasse abgebogen war. Vor einem Bürohaus entdeckte ich eine kleine Einfahrt. Um mich in Deckung zu bringen, bog ich blitzschnell in dieses Strässchen ab. Aber kaum war ich die ersten zehn Meter in diese Einfahrt gefahren, hörte ich auch schon ein zweimaliges lautes Zischen: »Pffffffft! Pffffffft!« Mein Auto sackte vorne richtig ein, die beiden vorderen Reifen hatten auf einen Schlag ihre Luft verloren. Ich stieg sofort aus und sah schreckliche, spitze, eiserne Krallen, die aus dem Boden hervorkamen und sich in meine Pneus gebohrt hatten. Das Bürohaus, vor dem ich stand, war eine Bank. Da sie samstagnachmittags geschlossen war, hatte man die Einfahrtssperre aktiviert, um Fremdlingen den Zugang zum Gelände zu verwehren. Ich setzte mich zurück ins Auto, atmete mehrmals tief durch und legte eine kurze Bedenkminute ein – das Beste, um sich in Ruhe das weitere Vorgehen auszudenken.

Da stand ich nun an einem Samstagnachmittag mit zwei aufgespiessten Pneus in einer total fremden Stadt. Ich legte den Rückwärtsgang ein und konnte mich aus der Sperre befreien. Dann bog ich korrekt in die Einbahnstrasse ein und fuhr in der gleichen Richtung wie alle anderen Autos weiter, aber mit eingeschaltetem Warnlicht und etwas sehr langsam und verkehrsbehindernd. Irgendwann entdeckte ich auf der rechten Seite das Logo einer Autowerkstatt. Für meine Verhältnisse wechselte ich schnell die Spur, um die Ausfahrt zur Garage nicht zu verpassen. Es tut richtig weh, wenn man beim Fahren mit zwei platten Pneus Meter für Meter das Rumpeln und Quietschen der Räder mitanhören muss.

Ich war skeptisch, ob mir in der Garage überhaupt geholfen würde. Wer arbeitet schon an einem Samstagnachmittag? Immerhin war ein Garagist anwesend, der ziemlich grosse Augen machte, als er mein trauriges Vehikel heranschleichen sah.

»Wie ist denn das passiert?« fragte er erstaunt.

Ich versuchte ihm das Malheur zu erklären, merkte aber gleich, dass er mir nicht recht glaubte. Ich solle doch zugeben, dass ich zu schnell gefahren sei, meinte er lächelnd.

Dann liess er mich allein stehen, um seine Kundschaft weiter zu bedienen. Ich hatte aber nicht den Eindruck, dass er mich im Stich lassen würde.

Und tatsächlich, nach einer Weile kam er wieder zurück und schüttelte nochmals den Kopf, so als würde er sich fragen, wieso ich denn ausgerechnet in ein verbotenes Einfahrtssträsschen einer Bank habe fahren wollen. Er schaute sich im Lager um, fand aber keine passenden Reifen für mein Auto. So montierte er mir einfach zwei Ersatzräder mit Hartgummi-Bereifung und telefonierte mit der nächsten *Hertz*-Autovermietung. Dort kündigte er an, dass etwa in einer halben Stunde ein Mietauto mit zwei geplatzten Pneus vorfahren würde. Er erzählte noch etwas mehr, aber ich konnte nicht verstehen, von was er sprach. Vielleicht war er ja doch misstrauisch und überlegte, nicht nur *Hertz*, sondern auch die Polizei zu alarmieren?

Als nächstes erklärte er mir den Weg zu dieser *Hertz*-Zentrale und bat mich, nicht schneller als 20 Meilen zu fahren. Trinkgeld wollte er keins, unter gar keinen Umständen.

Als ich bei *Hertz* eintraf, begrüsste mich der Mann am Schalter freundlich. Er hatte bereits von meinem Malheur gehört, nahm einen Autoschlüssel vom Haken und begleitete mich zum Wagenpark.

»Dieses Auto eignet sich besser für Ihre Weiterreise!« bemerkte er schmunzelnd und half mir, mein Gepäck in den neuen Mietwagen umzuladen.

Und das war alles? Kein Frage- und Antwortspiel, keine dummen Kommentare? Ja, so einfach war das. Der Garagist hatte am Telefon bereits alles für mich geklärt.

Und ich hatte mir schon die furchtbarsten Szenarien ausgemalt: zu Fuss mit dem ganzen Gepäck ein Hotel suchen, bis Montag warten, wieder vorbeischauen, Ausreden entgegennehmen, warum die Reifen noch nicht ausgetauscht werden konnten … Aber nicht in Amerika! Oder sagen wir mal lieber, nicht in meinem speziellen Fall.

Ja, sehen Sie, ich schreibe, dass ich in Amerika gern Autoreisen mache, und dann erzähle ich Ihnen von einem solchen Malheur – mit typisch amerikanischem *happy end* allerdings.

Mit meinem Sohn besuchte ich einen amerikanischen Vergnügungspark. Das Auto stellte ich auf einem riesengrossen Parkfeld mit tausenden von Autos ab. Man musste sich eine Zahl und einen Buchstaben merken, um später das Auto wieder zu finden.

Wir fuhren mit der Achter- und mit der Geisterbahn und allen möglichen anderen verrückten Bahnen, hatten Spass, verköstigten uns, und im Nu waren ein paar Stunden vergangen.

Als ich, wieder beim Auto angekommen, den Motor anlassen wollte, hörte ich keinen Ton. Es tat sich gar nichts. Ohne lange zu überlegen, wurde mir klar, dass ich das Licht nicht ausgeschaltet hatte und nun die Batterie leer war. Was tun? Es folgte die obligatorische Bedenkminute: in Ruhe überlegen … handeln.

Ich lief etwa zehn Gehminuten zurück zur Kasse des Vergnügungsparks. Dort schilderte ich einer der Kassiererinnen mein Problem. Sie erkundigte sich sofort, wo genau ich mein Auto parkiert hätte, und versprach, dass gleich jemand vorbeikommen würde. Ich hoffte, dass ich ihre Antwort richtig verstanden hatte und lief zurück zum Auto.

Kaum dort angekommen, fuhr auch schon ein kleiner Lieferwagen vor, auf dessen Ladefläche drei Studenten sassen. Sie sprangen herunter, öffneten die Motorhaube, verbanden die Batterie meines Autos mit zwei Kabeln – und schon lief der Motor wieder. Kaum war das geschehen, sprangen sie mit ihren weissen Turnschuhen und Socken zurück auf ihren Wagen, verabschiedeten sich freundlich und nahmen nicht einmal ein Trinkgeld entgegen.

»Wir sind dafür da, dass die Leute in unserem Park Freude haben!« war ihre Erklärung, und weg waren sie.

Vermutlich war das für sie eine tägliche Routinearbeit. Ihre Einstellung, dass Fehlermachen menschlich ist und man sich dafür nicht zu schämen braucht, hat mir sehr imponiert.

★ ★ ★ Der amerikanische Traum

Im Musical »Miss Saigon« fallen in einem Song folgende Sätze:

WHAT'S THAT I SMELL IN THE AIR?
THE AMERICAN DREAM
SWEET AS A NEW MILLIONAIRE
THE AMERICAN DREAM
BALD PEOPLE THINK THEY'LL GROW HAIR
THE AMERICAN DREAM
ON STAGE EACH NIGHT: FRED ASTAIRE
THE AMERICAN DREAM
ALL YOURS FOR TEN PERCENT DOWN
THE AMERICAN DREAM
IT'S TIME WE ALL ENTERTAIN
MY AMERICAN DREAM

Was ist eigentlich *Der Amerikanische Traum*? Versteht man darunter den Aufstieg vom Tellerwäscher zum Millionär, der ja in Amerika durchaus möglich sein soll?

Eine Zeit lang bedeutete der amerikanische Traum vor allem, ein eigenes Haus, ein Auto und ein schneeweisser Holzzaun um das eigene Grundstück.

Heute versteht man unter dem *amercian dream* eher eine spezielle Gesellschaftsordnung, die es jedem Einzelnen ermöglicht, egal aus welchen sozialen Verhältnissen er stammt, sein ganzes Potential voll auszuschöpfen, alles zu tun, wozu er fähig ist, und daran zu wachsen, um die Anerkennung der anderen zu bekommen.

Es gibt Zwanzigjährige, vor allem Farbige, für die eine problemlos finanzierbare Hochschul-Ausbildung die Erfüllung ihres amerikanischen Traums ist. Für andere bedeutet der Traum, dass sie nur halb so viel wie ihre Eltern arbeiten müssen und trotzdem die gleichen Besitztümer anhäufen können.

Mister Cuomo, ein ehemaliger Gouverneur von New York meinte, dass es heute mit dem amerikanischen Traum mehr oder weniger vorbei sei, da es nicht mehr so einfach sei, nach oben zu kommen.

Laut Dr. John Roth, Professor an einem College in Claremont, Californien, ist aber der Glaube an den amerikanischen Traum für das Land sehr wichtig, denn nur dieser Traum von einem besseren Leben habe bisher die Staaten zusammengehalten.

Als ich den ehemaligen Präsidenten Bill Clinton bei seiner Antrittsrede hörte, spürte ich, dass er es fabelhaft versteht, den amerikanischen Traum zu inszenieren. Er öffnete dem Land ganz neue Perspektiven und formulierte exakte Ziele. Man fühlte sich durch seine Worte regelrecht in den Bann gezogen und verspürte den Wunsch, bei der Realisierung seiner Visionen aktiv mitzuhelfen. Clinton hatte ein Programm mit hochgesteckten Zielen vor Augen, und man glaubte ihm, dass es ihm damit auch ernst ist. So ging ein regelrechter Ruck durchs Land, ein Ruck, wie ich ihn, so leid es mir tut, das sagen zu müssen, in meinem Heimatland noch nie verspürt habe.

Dieter Thomä schreibt in seinem Buch »Unter Amerikanern«, das übrigens sehr zu empfehlen ist, folgendes über die amerikanische Gesellschaft, genauer gesagt, über die von uns so oft abschätzig betitelte Wegwerfgesellschaft:

Doch das Wegwerfen in Amerika hat nicht ausschliesslich mit ökologischer Leichtfertigkeit zu tun, es ist vielmehr mit einer höheren Weihe versehen. (...) Wer wegwirft, reinigt sich vom Alten. Was gerade noch gegenwärtig war, ist schon vergangen. Etwas zu lange zu behalten beleidigt den Geist der Bewegung. Wenn das Leben im Wandel ist, müssen sich auch die Dinge wandeln, die das Leben umgeben. (...) Im Akt des Wegwerfens demonstriert der Amerikaner die Fähigkeit, das Vergangene abzuschütteln, sich selbst zu entrümpeln, er bekräftigt die eigene Gegenwärtigkeit.

Man sagt, dass es in den USA keinen negativen Beigeschmack habe, wenn man Konkurs machen muss. Im Gegenteil, man beweise dadurch, dass man den Mut aufgebracht habe, etwas zu wagen, und erhält eine zweite Chance, und wenn's nötig ist auch eine dritte.

Bill Clinton, der mit seiner Lewinsky-Affäre tief gefallen war, wurde rehabilitiert, nachdem er Reue und den Willen gezeigt hatte, mit Gottes Unterstützung wieder ein besserer Mensch zu werden. Die Chance hat man ihm gern gegeben. Das spricht für ein Volk, das jeden Menschen in seine Gesellschaft einbettet, der versucht, den *american dream* zu verwirklichen.

Ich glaube fast, dass jeder Amerikaner überzeugt davon ist, dass sein Land ein Ziel anvisiert, das zwar nicht den Himmel auf Erden bringt, aber immerhin eine Lebensform ermöglicht, in der jeder Bürger über sich hinauswachsen und gesteckte Ziele erreichen kann.

Träumen wir Europäer eigentlich auch davon, in Zukunft grosse Schritte nach Vorwärts zu machen, damit alle eines Tages von einer angenehmen Lebensqualität profitieren dürfen?

Haben wir als Staatsbürger überhaupt Visionen und Träume? Und als Politiker? Oder setzen wir uns vor lauter Arbeit gar keine Ziele mehr? Hängen wir zu sehr an unserer Vergangenheit? Vielleicht gibt es aber in Europa auch zu verschiedenartige Kulturen, als dass man sich auf einen gemeinsamen Traum einigen könnte – den *europäischen* Traum.

★ ★ ★ Mein Dolcefarniente

Glauben Sie, dass man in New York nie zur Ruhe kommen kann und dass einen diese hektische Stadt ständig antreibt, etwas zu unternehmen? Vermuten Sie, dass das New Yorker Nachtleben so anziehend ist, dass man immer erst gegen Morgen ins Bett kommt?

Als neugieriger Mensch habe auch ich ein paar verrückte Discotheken besucht: eine davon in einem riesigen Haus mit vier Stockwerken, wo auf jeder Etage andere Musik gespielt wurde, eine andere in einer ehemaligen Kirche, eine in einem Tunnel und auch Discos unter freiem Himmel. Meine verrückteste Entdeckung in dieser Hinsicht war aber der *Country Club* – der leider nicht mehr existiert –, wo Menschen aller Couleur und jeden Alters in Formationen Tanzschritte miteinander einübten und tanzten. Natürlich habe ich mir auch einen Nightclub mit erotischem Programm angesehen – aber es war nur die Neugier, die mich dazu trieb und damit war dann das Thema auch schon erledigt.

Nachdem ich meine erste Neugier gestillt hatte, wurden also die Nächte immer normaler, und meine Aktivitäten bezogen sich schon nach kurzer Zeit nur noch auf den Tag oder den Abend.

In New York floriert die Kunst. Museums- und Galerienbesuche gehörten immer zu meinem Tagesprogramm. Die europäischen Künstler Max Ernst und Joseph Beuys schloss ich erst nach einer Ausstellung im MoMA so richtig ins Herz.

Abends war es für mich eine schöne, selbstgewählte Pflicht, ins Theater oder ins Musical zu gehen. Ich gestehe, dass die verschiedenen Schweizer-Clubs mit

Jassen, Jodeln, Singen und Fussball kein Thema für mich waren. Im *Swiss Institute* hingegen erfreuten mich oft Bilder junger Schweizer Künstler und thematische Ausstellungen, zum Beispiel über die *Schweizer Schokolade* und das *Strohflechten* – wobei Letzteres Ihnen wahrscheinlich eher ein Lachen entlockt. Strohflechten im digitalen Zeitalter! Ich verhielt mich dem *Swiss Institute* gegenüber aber immer etwas zurückhaltend, denn ich wollte mich in New York nicht schon wieder im Bereich der Kultur einspannen lassen.

Mit zu meinen schönsten Momenten in New York zählten jedoch die Stunden, die ich in meinem Appartement am Tisch oder im Sessel sitzend, die freie Aussicht über einen grossen Teil Manhattans geniessend und lesend verbrachte. Ich muss gestehen, dass ich fast so etwas wie ein krankhafter Zeitungsleser bin. So war es ein grosses Vergnügen für mich, täglich und vor allem freitags und sonntags, die *New York Times* in der Hand zu halten und diese für mich schönste Zeitung der Welt zu durchblättern und – mit viel Zeitaufwand und Wörterbuch – zu lesen.

Freitags erschienen immer die grossen Berichte des Showbusiness: riesige Kino-Inserate, Musical-Anzeigen, *Off Broadway*, *Off Off Broadway*, Museen, Bücher, Konzerte ... Unglaublich, diese kulturelle Vielfalt! Sie glauben es vielleicht nicht, aber während ich diese Zeilen schreibe, werde ich ganz wehmütig.

Mit Freude erwartete ich auch jede Woche die Zeitschrift *The New Yorker*, in der über das kulturelle Stadt- und Gesellschaftsgeschehen berichtet wurde und die gespickt war mit vielen Beiträgen von weltbekannten Cartoonisten.

Es gibt in Manhattan sensationelle Zeitschriftenhändler mit einer unglaublichen internationalen und verführerischen Auswahl. Grafik, Design, Mode, Kunst, alles was das Herz begehrt! Und das Schönste war, dass so eine schwere Tüte voll Zeitungen und Zeitschriften nicht einmal die Hälfte von dem kostete, was sie in Europa gekostet hätte.

Allerdings muss ich der Gerechtigkeit halber gestehen, dass sich der Preis der *New York Times* manchmal für mich verteuerte, nämlich immer dann, wenn sich beim Nachhausetragen des frisch gedruckten Blattes die Druckerschwärze auf meinen Kleidern abrieb und Spuren hinterliess, die nur durch eine chemische Reinigung wieder wegzubringen waren.

Zu meinem Müssiggang gehörte es auch, durch New Yorker Buchhandlungen zu schlendern. Dort ist es erlaubt und sogar erwünscht, dass man sich ein paar Bücher aus den Regalen holt, mit diesen an einem Tisch Platz nimmt, eine Tasse Kaffee trinkt und dann gemütlich die Bücher-Auswahl studiert, um schliesslich mit dem richtigen Buch an die Kasse zu gehen. Was für eine angenehme und verführerische Art des Bücherkaufs! Und das alles ohne stressiges Gedränge!

Auch ein Skizzenblock begleitete mich in New York ständig auf meinen Wegen. Sass ich allein in einem Restaurant, begann ich zu zeichnen. Manchmal setzte ich mich auch in den *Bryant Park* und skizzierte oder beobachtete einfach das Kommen und Gehen der verschiedenen Menschen, mit all ihrem unterschiedlichen Gebaren, ihren Gesten und ihrem Benehmen – sehr kurzweilig!

Leider wurden alle diese schönen Momente mit der Zeit immer seltener. Die Anfragen aus Europa häuften sich wieder und meine Freizeit wurde immer knapper. Und die mit grosser Vorfreude gekauften Zeitungen und Zeitschriften bildeten von Woche zu Woche höhere Stapel ungelesener Lektüre in meiner Wohnung.

★ ★ ★ Mäuschenstilles New York

Eine Quizfrage: Wo ist es in New York am ruhigsten?

Denken Sie jetzt an den *Central Park*, der so gross ist wie Monaco und wo die Eichhörnchen ohne Angst vor den Passanten spazieren gehen und nach Futter suchen? Oder haben Sie eher an die *St. Patrick's Cathedral* in der *Fifth Avenue* gedacht? In dieser Kirche herrscht oft mehr Betriebsamkeit als in einem Warenhaus, und bei guten Predigten wird sogar geklatscht. Vielleicht vermuten Sie die absolute Ruhe aber auch ganz oben im Kopf der Freiheitsstatue? Aber stellen Sie sich einmal das Keuchen der Leute vor, die gerade, nach endlosem Treppensteigen, oben angekommen sind! Nein, auch dieser luftige Standort ist nicht des Rätsels Lösung.

Soll ich ein bisschen nachhelfen? Wissen Sie, ich meine einen sehr stillen Ort, an dem Menschen zusammenkommen, um *verschoben* zu werden. Und unter *ruhig* verstehe ich fast schon so etwas wie eine enervierende Stille, die peinlich wirken kann und bei der man sich manchmal richtig unwohl fühlt.

Oft habe ich den Eindruck, dass die Menschen an diesem Ort sogar den Atem anhalten, sich gleichzeitig aber die Zehen in ihren Schuhen zu krümmen beginnen, während der ganze Körper regungslos und steif, wie angewurzelt, an einer Stelle stehen bleibt. Ich spreche von einem Raum, an dem sich tagtäglich Hunderttausende begegnen und wo diese hektische, aktive Stadt für einige Sekunden zur Ruhe kommt.

Haben Sie es jetzt erraten? Nein, immer noch nicht? Also, die Menschen werden nicht horizontal verschoben, sondern vertikal, von oben nach unten, oder umgekehrt. Ja genau, jetzt ist es Ihnen klar – ich denke an den Lift – und davon gibt es in New York ja bekanntlich Tausende.

So eine Liftfahrt dauert bei 20 Stockwerken rund 25 Sekunden, bei 40 Etagen 50 Sekunden und bei 60 Stockwerken … Rechne!

Ich stehe mit drei Damen und zwei Herren in einem Raum von zirka zwei mal zwei Metern. Die Tür schliesst sich. Wohin soll ich nun meine Blicke richten? Würde ich eine mitfahrende Person genauer betrachten, liefe ich Gefahr, von ihr dabei ertappt zu werden. Dann müsste ich mit einem verlegenen Lächeln die Situation wieder entschärfen. Meistens sind die Lifte auch noch rundherum mit grossen Spiegeln ausgestattet. Die Liftinsassen verdoppeln und verdreifachen sich so, und es ist nahezu unmöglich, irgendwo hinzugucken, ohne dabei den Augen eines anderen zu begegnen.

Ich senke meinen Blick zu Boden und betrachte meine Schuhspitzen. Das verschafft Entspannung, aber nur für einen Augenblick, weil mir auffällt, wie dreckig meine Schuhe auf dem sauberen Teppichboden wirken. Jetzt wird mir bewusst, dass auch die anderen nach unten starren. Wahrscheinlich haben sie schon lange zur Kenntnis genommen, dass meine Schuhe ungepflegter sind als ihre. Amerikaner legen sehr viel Wert auf saubere Schuhe. Es ist für sie eine Charaktersache. Die Schuhe des Liftboys sind immer auf Hochglanz poliert und glänzen wie die von Frank Sinatra bei einem seiner Gala-Auftritte. Ich beschliesse, woanders hinzugucken, um nicht noch länger auf mein staubiges

Schuhwerk aufmerksam zu machen, und beginne, die Krawatten der anderen Männer zu analysieren. Vielleicht eine Spur zu bunt und gewagt. Aber dafür tragen sie saubere weisse Hemden und massgeschneiderte Anzüge. Mir wird plötzlich bewusst, dass ich mich noch nicht ganz den amerikanischen Gepflogenheiten angepasst habe. Ich trage ein schwarzes T-Shirt ... Oh, dabei fällt mir ein, dass hinter mir eine Frau steht und ihr Kopf gerade bis zu meinen Schultern reicht – hoffentlich habe ich heute keine Schuppen.

Habe ich vorhin gesagt, eine Fahrt von 20 Stockwerken dauere in der Regel so um die 25 Sekunden? Mir erscheint es, als stünde ich schon eine ganze Stunde im Lift.

Ob der Schmuck der Frau vor mir aus echtem Gold ist? Nein, das ist sicher nur Modeschmuck. Aber das Gewicht so eines Ohrrings zieht das Ohrläppchen ganz schön nach unten! Das muss doch schmerzen. Vielleicht sind Frauen doch schmerzunempfindlicher als Männer, oder es macht ihnen einfach nichts aus, für die Schönheit zu leiden. Ich kann genau verfolgen, wo entlang sie ihr Wangenrouge vom Ohr in Richtung Nase gepinselt hat. Sieht aus wie ein Strich. Viel zu unnatürlich.

Der eine Herr atmet etwas tief und laut aus. Was wälzt er wohl für Probleme? Wenn man jetzt in all die Köpfe gucken könnte!

Na endlich, der Lift verlangsamt seine Fahrt. Ein kleiner Ruck noch und – wir sind unten. Jetzt heben alle Passagiere, fast wie auf Kommando, die Köpfe, einer kontrolliert noch schnell seinen Krawattenknoten, die eine Frau presst ihre Handtasche fester unter den

Arm. Bei *Otis*-Liften dauert es immer ein paar Sekunden, bis sich die Türe öffnet – fast synkopenartig. Bei anderen Liftkonstruktionen geht das synchron mit dem Stopp. Was für ein Zeitgewinn!

Die Herren drücken sich an die Wände, um die Damen zuerst in die Freiheit zu entlassen. Man hört ein diskretes »Thanks«. Nun verlassen auch die Männer erleichtert die Liftkabine und folgen den Damen bis zum Ausgang, um sich dann draussen fächerartig zu trennen, jeder mit einem bestimmten Ziel vor Augen und einem Berufsgeheimnis im Kopf, das er im Lift eine halbe Minute lang streng gehütet hat.

★ ★ ★ Unterhosen und Tourismus

Es gibt Paare, die sind sich jahrelang uneinig darüber, ob sie einmal in die USA fliegen sollen. Sie möchte vielleicht schon seit langem zum Weihnachtsshopping nach New York, aber er erklärt immer wieder, dass er im Geschäft schon genug Stress habe und sich nicht noch in die Grossstadthektik stürzen wolle. Es könnte aber auch sein, dass der Mann schon lange diese Reise machen will, sie aber immer stöhnt, dass sie die schlechte Luft in diesem Millionen-Moloch sowieso nicht vertrage. Oder der eine verweigert sich aus politischen Gründen:

»Nein, diese Amerikaner, die meinen, sie müssten in der Welt einen Sonderzug fahren, die will ich nicht noch unterstützen – und schon gar nicht, so lange der Bush das Land regiert.«

Es gibt noch tausende von Varianten. Vielleicht ist es auch der für uns zur Zeit sehr ungünstige Dollarkurs, der solche USA-Reisepläne verhindert.

Ein Paar aus der Schweiz erzählte mir, dass sie sich bereits auf der Taxifahrt vom Flughafen in die City Gedanken gemacht hätten, ob sie nicht lieber gleich wieder umkehren sollten. Es regnete und alles war grau und traurig anzusehen. Je weiter sie dann in die City hineinfuhren, umso mehr fühlten sie sich von den fürchterlichen Hochhäusern erdrückt. Dann das Hotelzimmer! Klein und dunkel war es, und durch die vergitterten Fenster sah man in einen trostlosen Innenhof und nicht, wie erwartet, auf das *Empire State Building*. Die Frau liess sich sofort auf's Bett fallen und fing an zu weinen. Vielleicht weckte das in ihrem

Mann den Beschützerinstinkt, jedenfalls ging er ganz entschlossen zur Réception und äusserte mit Schweizerischer Zurückhaltung und dennoch bestimmt seine Enttäuschung über die Qualität des Zimmers. Ohne jegliches Zögern händigte man ihm einen anderen Zimmerschlüssel aus und mit dem Lift ging es dann 15 Stockwerke höher, wo sie ein Zimmer mit dementsprechender Aussicht beziehen konnten. New York lag ihnen zu Füssen und nachts genossen sie einen märchenhaften Ausblick von ihrem Zimmer aus.

Die Frau war natürlich verblüfft über ihren Mann und sein Durchsetzungsvermögen. So kannte sie ihn gar nicht. Nie hätte sie ihm zugetraut, dass er den Mut aufbringen würde zu reklamieren. Klein beizugeben war doch normalerweise seine Stärke. Sie war stolz auf ihn, umarmte ihn fest und strahlte vor Freude – und das im schönen Big Apple!

Sein kleines Geheimnis war, dass ihn ein paar Berufskollegen vor der Reise darauf aufmerksam gemacht hatten, dass man in New Yorker Hotels ganz ungeniert sagen dürfe, was einem nicht passt, und dann auf unkomplizierte Weise das scheinbar Unmögliche möglich gemacht würde. Das behielt er natürlich für sich, nachdem er gemerkt hatte, wie gut er jetzt in den Augen seiner Frau da stand. Als die beiden dann am nächsten Tag bei strahlendem Sonnenschein in Jeans und Turnschuhen durch die Strassen flanierten, wurde New York für sie zu einem einmaligen Erlebnis.

Aber ich will Ihnen auch den umgekehrten Fall nicht vorenthalten:

Ein Ehepaar schrieb mir, dass sie sich schon unglaublich auf New York freuten. Die erste Enttäuschung kam dann aber prompt, als ihnen der Taxichauffeur für die Fahrt vom *J. F. Kennedy Airport* nach Manhattan 50 Dollar berechnete anstelle der seit Monaten gesetzlich festgelegten 30 Dollar plus drei Dollar Brückenzoll und 15 bis 20% Trinkgeld. (Merke: Am Flughafen nur in gelbe Taxis einsteigen!)

Kurz darauf folgte auch schon der zweite Schock. Direkt vor ihrem Hotel wurden vor ihren Augen einer Passantin die Träger ihrer Handtasche durchgeschnitten. Schwupps, wurde die Tasche über die Strasse zu einem Kumpel geworfen, der sie gleich an einen dritten weitergab, und schon machten sich die drei Übeltäter aus dem Staub.

Aller guten Dinge sind drei. Das stimmt allerdings in diesem Fall nicht so ganz. Ja, es gab auch noch ein drittes abschreckendes New-York-Erlebnis. Als das Pärchen am nächsten Morgen in die *subway* stieg, stürzte ein Mann und fiel unter die Räder der Bahn, und zwar direkt unter ihrem Fenster.

Ich muss schon sagen, so viel Pech auf einmal ist gar nicht typisch für New York.

Es gibt aber auch New-York-Touristen, die kommen aus einem 3000-Seelendorf, gehen dort nie ins Theater, besuchen dann jedoch am *Broadway* ein Musical und können sich nachher stundenlang über die magere Stimme der Hauptdarstellerin und die viel zu banale Handlung auslassen. Aber auch für solche hält New York unvergessliche Überraschungen bereit. Am zweitletzten Tag ihres New-York-Aufenthalts erhielt ich einen Anruf, und man berichtete mir begeistert von einem positiven Erlebnis: Im Billig-Warenhaus *Century 21*, bekannt für seine vielen Schnäppchen, hätten sie zehn Paar Männerunterhosen für 6.99 $ gekauft. Damit war New York gerettet, und zwei glückliche Menschen flogen zurück nach Europa.

Sie sehen, es ist alles eine Frage der Optik!

★ ★ ★ Ab in den Urlaub!

Es ist ja allgemein bekannt, dass Amerikaner nur wenig Ferien machen können. Zwei Wochen im Jahr sind fast schon ein Privileg. Im Vergleich dazu sind wir Europäer richtig verwöhnt.

Zur Zeit hilft der Dollarkurs kräftig mit, dass sich viele Amerikaner endlich eine Reise nach Europa leisten können. Ansonsten verlassen sie ja nicht so gern ihr Land. Sogar George W. Bush, der derzeitige Präsident der Vereinigten Staaten, hat erst, als er im Amt war, zum ersten Mal in seinem Leben europäischen Boden betreten.

Ich staunte in New York oft über die preisgünstigen Europa-Reiseangebote. 1998 las ich in einem Prospekt von *American Express*:

»For $999 Swissair Puts You in Switzerland for Seven Days.«

Für rund 1500 Schweizer Franken konnte man also in der Economie Class New York – Zürich retour fliegen, inklusive sieben Übernachtungen in einem vom Gast ausgewählten Hotel. Aber halt, das war noch nicht alles! Im Preis inbegriffen war auch noch ein Mietwagen für eine Woche.

Ich rechnete nach: Wenn ich in die Schweiz geflogen wäre, hätte ich allein schon für eine Woche Hotel und Mietwagen 2500 Schweizer Franken hinblättern müssen, der Flug wäre damit noch nicht bezahlt gewesen. Sollte ich mich vielleicht das nächste Mal unter eine amerikanische Reisegruppe mischen und mich so in die Schweiz einschleusen lassen?

Aber ich habe auch noch anderes Prospektmaterial

studiert. Würde Sie vielleicht folgendes Urlaubsziel reizen:

Machen Sie Ferien in einem Gebiet mit drei idyllischen Seen, wo sich die Einheimischen freuen, wenn Ausländer und auch Landsleute ihre Naturschönheiten entdecken. Hier gibt es an der grössten Kreuzung eines Orts nicht nur eine Tankstelle und einen Supermarkt, wie man das in Amerika sonst öfter antrifft. Die Stadtarchitektur wirkt, als hätte man diese kleinen Städtchen nach aussen schützen wollen, um im Ortskern ein abgeschirmtes, aber vielfältiges Alltagsleben pflegen zu können.

In den USA ist ja bekanntlich das Auto das beliebteste Transportmittel. Hier aber können Sie sich mit Schiff und Pferdekutsche, Autobus und Drahtseilbahn, mit dem Fahrrad und sogar im Kanu durch die sehenswerte Landschaft bewegen. Campingplätze, kleine Ferienhäuschen, Hotels und sogar *Schlafen im Stroh* und viele schattige Garten-Restaurants laden Sie zum Verweilen ein.

Auch Gourmet-Touren mit Fisch und Weinen aus der Region werden arrangiert. Wenn Sie Lust haben, einen grossen Bauernhof zu besuchen, um dort ein *Oklahoma Barbecue* zu essen oder mit Ross und Wagen auf einem Stromlehrpfad Windkraftwerke studieren wollen, sind Sie hier genau an der richtigen Adresse. So steht es jedenfalls im Prospekt. Mit Nostalgiezügen oder dem Zug *Belle Epoque* können Sie gemächlich durch die farbenfrohe Gegend reisen. Und falls der Zug von Reitern überfallen werden sollte, bleiben sie ganz ruhig, denn es ist alles nur perfekt inszeniert. Für die stilleren Gemüter gibt es erholsame Fluss- und

Seenfahrten, und diejenigen, die es gern etwas lauter und rassiger haben, können Gokart-Bahnen besuchen.

Tönt das nicht alles sehr verlockend? Unglaublich, was da geboten wird, oder nicht! Jetzt sagen Sie sicher, das sei eben typisch amerikanisch. Die verstehen es einfach, ihren Gästen etwas zu bieten.

In welchem Teil Amerikas vermuten Sie denn dieses kleine Ferienparadies? In der Umgebung von Seattle? In der Nähe der *Schweizerkolonie* von New Glarus? Oder im Gebiet von Vermont, nördlich vom Staat New York?

Ich sage Ihnen, wenn Sie dort Ferien machen wollen, müssen Sie nicht einmal einen Pass mitnehmen. Eine staatliche Sonderregelung? Nein, das nicht. Aber warum sollten Sie einen Pass bei sich tragen, wenn das Feriengebiet fast vor Ihrer Haustüre liegt?

Ich habe Ihnen von einem Angebot der Tourismuskreise der Schweizer Dreiseenlandschaft zwischen dem Bieler-, dem Neuenburger- und dem Murtensee erzählt.

Komisch, dass man erst nach Amerika gehen muss, um so einen Schweizer Ferienprospekt mit grossem Interesse zu studieren!

(PS: Sorry an alle Österreicher und Deutschen, Sie benötigen natürlich schon noch einen Personalausweis, wenn Sie zur Dreiseenlandschaft fahren wollen!)

⋆ ⋆ ⋆ Das Kreuz mit dem Kreuz

Angenommen Sie heissen Frischknecht. Freut es Sie dann, wenn man Knechtfrisch zu Ihnen sagt? Die ersten paar Male überhören Sie es vielleicht noch grosszügig, aber mit der Zeit geht es Ihnen sicher so auf die Nerven, dass Sie laut und deutlich korrigieren:

»Ich heisse Frischknecht und nicht Knechtfrisch!«

Etwas ähnlich ergeht es uns Schweizern mit dem Schweizerwappen, also mit dem weissen Kreuz auf rotem Grund.

Grosse stolze Schweizerfahnen wehen in Manhattan. Es sind meistens Hotels, Banken, die Schweizer Botschaft oder ein Reisebüro, die so auf ihren Standort aufmerksam machen. Natürlich begegnet einem das Schweizerwappen auch in jedem *Swatch*-Shop, weil das weisse Kreuz auf rotem Grund ja zum Logo dieser Uhrenmarke gehört.

Als ich einmal eine neue Strassenkarte von Manhattan in den Händen hielt, war ich ganz erstaunt, dass 20-mal das Schweizerwappen aufgedruckt war. Neugierig, wie ich bin, wollte ich sofort wissen, ob sich an all diesen Stellen Schweizer Institutionen oder Hotels unter Schweizer Leitung befinden. Die Hinweise am Kartenrand gaben mir sofort Auskunft darüber. Es handelte sich dabei um 20 Spitäler, die man fälschlicherweise mit unserem Schweizer Wappen markiert hatte.

Auch eine finnische Firma, die in einem Inserat ihre Schlafkomfort-Betten anpries, bildete neben ihrem Firmennamen das Schweizerwappen ab. Überhaupt wird in Amerika alles, was den Menschen gut tut, mit dem Schweizer Logo versehen. So zum Beispiel ein feuerrotes Nackenkissen, das für den Notfall lauter Erste-Hilfe-Artikel in sich birgt. Natürlich prangt auch auf diesem Kissen ein grosses weisses Schweizerkreuz.

Im *Central Park* begegnet man immer wieder Gruppen hilfsbereiter junger Menschen, die unerfahrenen Roller-Skatern nach Stürzen wieder auf die Beine helfen und Anfängern die Techniken des Bremsens beibringen. Diese freundlichen Helfer erkennt man an ihren knallroten T-Shirts mit grossem weissen Kreuz. Als ich mich bei ihnen erkundigte, wieso sie ausgerechnet solche T-Shirts tragen, erklärte man mir, das dies eben das internationale Symbol für Hilfe sei.

Ein Schweizer Hotel in Manhattan gestaltete den roten Baldachin vor dem Haupteingang neu. Man wollte natürlich auch hier ein Schweizerwappen anbringen. Aber wie, wenn die Grundfarbe bereits Rot ist? Man beschloss, das Quadrat weiss und das Kreuz rot zu drucken. Ein genialer Entscheid! Ohne Absicht hat man so an der *Park Avenue* das erste Rotkreuz-Hotel lanciert.

Ich konnte es natürlich nicht lassen, dem Hauptsitz in Zürich ein Foto von diesem Baldachin zuzuschicken. Daraufhin entschuldigte sich der Hotelmanager bei mir und versprach schnelle Abhilfe. Und schon kurze Zeit später wurde der schöne rote Stoff durch einen weissen ausgetauscht, und somit war es kein Problem mehr, ein richtiges Schweizerwappen darauf abzubilden.

Ich möchte aber nicht nur den Amis Vorwürfe machen, dass sie das Rote Kreuz nicht von der Schweizer Landesfahne unterscheiden können. Inzwischen hat diese Verwechslungs-Krankheit auch auf Europa übergegriffen.

Sogar ein grosser deutscher Verlag bildete auf einem Magazin, dem *Studienführer für deutsche Hochschulen*, auf der Titelseite eine Krankenschwester ab, auf deren rotem Erste-Hilfe-Köfferchen ein weisses Kreuz prangt. Auch die beigelegte CD-Rom, ebenfalls knallrot, zierte ein weisses Kreuz. Sind die Macher solcher Zeitschriften eigentlich so ungebildet und oberflächlich oder handelt es sich dabei schlichtweg um Ignoranz?

Inzwischen ist ja das Schweizerwappen auch zum Modegag von Designern avanciert. Es ist jetzt der letzte Schrei, das weisse Kreuz auf roten Pullovern, roten Handtaschen und roten Schuhen zur Schau zu tragen.

Sicher kennen sie auch all die Produkte, die den Namen »Swiss-Army« tragen. Als erstes kam das Schweizer Militärmesser auf den Markt, gefolgt von der Swiss-Army-Watch. In der Werbung heisst es, sie sei *warproof*, also kriegserprobt. Sie können mir aber glauben, dass kein Schweizer Soldat je so eine Uhr zusammen mit seiner Ausrüstung erhalten hat. Es folgten später auch noch die Swiss-Army-Sonnenbrille und das Swiss-Army-T-Shirt. Natürlich kann ich mir schon vorstellen, dass diese Gegenstände für einen Soldaten im Ernstfall von grösster Wichtigkeit sein könnten. Man muss pünktlich an der Front sein, deshalb die Uhr, man soll sich vom Feind nicht blenden lassen, ergo die Sonnenbrille, und man tauscht nach einem Kampf, wie beim Fussball, natürlich mit dem Feind das T-Shirt aus!

Als ich meinen amerikanischen Friseur fragte, wieso er eine Swiss-Army-Watch am Arm trage, gab er zur Antwort, dass er sie beim Kauf von drei Stangen *Marlboro*-Zigaretten gratis erhalten habe.

Jetzt fehlt eigentlich nur noch der Swiss-Army-Cheese, bei dem die Einschusslöcher gratis mitgeliefert werden.

Soeben flattert mir das Titelblatt des neuesten *SonntagsBlicks* auf den Tisch. »Jetzt kann man auch Shawne Fielding-Borer mieten«, heisst es da. Die Gattin des Schweizer Botschafters in Deutschland, eine Texanerin, lässt sich bekanntlich gern in leicht erotischen Posen ablichten. So begegnet sie mir auch auf dieser Titelseite. Ihre Beine sind in amerikanische Stars-and-Stripes-Hosen gehüllt, und oben trägt sie ein weisses T-Shirt mit … Aber liebe Frau Borer, Sie wollten doch sicherlich das Schweizerwappen auf der Brust tragen und was sehe ich nun da? Das weisse Kreuz geht bis an den Rand des roten Feldes. Ich will ja nicht kleinlich sein, aber so ähnelt es doch eher einer dänischen Flagge. Recht haben Sie, auch die Dänen sind ein sympathisches Volk.

Die Einladung zur 1.-August-Feier des Jahres 2001 der Schweizer Botschaft in Berlin wurde grafisch mit Schweizerwappen gestaltet. Einmal ist das Kreuz grün, einmal blau und einmal gelb auf rotem Grund. Somit, würde ich sagen, ist das Wappen der Schweiz nun offiziell freigegeben. Jeder kann damit machen, was er will, und es nach Gutdünken einsetzen. Man muss ja das Kreuz in der Mitte auch nicht als Kreuz ansehen. Es könnte ja auch ein Plus-Zeichen darstellen. Sicher aber kein Plus für unsere Nationalfahne.

★ ★ ★ Haben Sie eine ID?

Ich war richtig stolz, als ich in den USA meine neue Schweizer Identitätskarte erhielt: klein wie eine Scheckkarte und dadurch leicht im Portemonnaie zu verstauen und auch noch extrem fälschungssicher.

Es dauerte nicht lange, da sollte meine neue ID auch schon zum ersten Einsatz kommen. Ich kaufte mir ein Faxgerät, und weil der Betrag relativ hoch war und ich mit Kreditkarte bezahlen wollte, verlangte die Kassiererin meinen Personalausweis. Kein Problem! dachte ich und zog stolz die Identitätskarte aus meinem Portemonnaie hervor. Die Verkäuferin guckte sie lange an, musterte irritiert das Hologramm und den Kristall, das Schweizerkreuz und die Buchstaben *CH*. Dann zog sie die Mundwinkel nach unten, erklärte, dass sie mit dieser Karte nichts anfangen könne und wollte wissen, woher ich denn käme.

»Switzerland«, antwortete ich und nahm an, dass damit alles geklärt sei.

Sie aber betrachtete immer noch mit ihren grossen, schwarzen Kulleraugen meine ID und wiederholte in fragendem Ton: »Switzerland?«

»Yes, Lady«, bestätigte ich und wartete gespannt, was nun passieren würde.

»Haben Sie Ihren Führerschein bei sich?«

Ich hatte ja mit allem gerechnet, aber dass sie einem hypermodernen, fälschungssicheren Personalausweis ausgerechnet einen Führerschein vorzieht … Etwas verschämt reichte ich ihr den schäbigen, abgegriffenen und ausgefransten blauen Ausweis. Zu meiner Überraschung war jetzt alles klar. Luzern und

St. Gallen Tablat waren in diesem Ausweis unter *Heimatort* eingetragen. Vielleicht kannte sie sich ja besser aus, als ich vermutet hatte. Jetzt wollte sie aber doch noch einmal den Namen meines Herkunftslandes hören.

»Switzerland.«

Sie quittierte es mit einem »Thank you«, nahm einen Stift zur Hand und begann das Wort zu schreiben. Aber bereits nach dem dritten Buchstaben geriet sie ins Stocken und suchte erneut auf meiner Identitätskarte nach dem Wort *Switzerland*. Sie konnte es nicht finden, denn dort stehen nur Worte wie *Schweizerische Eidgenossenschaft*, *Confédération Suisse*, *Confederaziun Svizra*, *Confederazione Svizzera* und *Swiss Confederation*. Keine Spur von *Switzerland*.

Langsam tat mir die Dame leid, bei der ich ungewollt so viel Verwirrung stiftete. Ich schrieb das Wort *Switzerland* auf ein Stück Papier. In der ganzen Welt kennt man unser Land unter diesem Namen, nur auf unseren Identitätskarten ist er nicht zu finden.

In Los Angeles hatte mich einmal ein Angestellter einer Mietwagenfirma gefragt, was eigentlich das *CH* vor der Postleitzahl heissen solle. Ich erklärte ihm, dass es für *Confoederatio Helvetica* stehe.

»Nice«, antwortete er trocken, und mir war klar, dass er nicht viel klüger war als zuvor.

Wollen Sie noch ein anderes Wort kennenlernen, mit dem wir weltweit für Konfusion sorgen? Briefmarken sind ja sensationelle Werbeträger, weil man sie in die ganze Welt verschickt. Aber was steht nun auf diesen grafisch interessant gestalteten Schweizer Briefmarken für ein Wort? *Helvetia*. Wie soll sich da ein Amerikaner noch zurechtfinden, wenn es für ihn schon schwer genug ist, *swiss* und *swedish* auseinander zu halten?

★ ★ ★ Alles doppelt

In einem New Yorker Restaurant.

Emil betritt das Lokal.

Kellnerin, fröhlich, farbig gekleidet, lange Zöpfe, kommt ihm entgegen.

Kellnerin: Sind Sie allein?

Emil: Ja.

Kellnerin: Dieser Tisch ist frei.

Sie führt ihn an den Tisch.

Emil: Danke.

Kellnerin geht ab.

Kellnerin *erscheint*: Sind sie allein?

Emil: Ja, immer noch.

Kellnerin, *etwas verstimmt*: Bitte?

Emil: Ja, das heisst, ich erwarte niemanden.

Kellnerin: Hier ist die Menukarte. Möchten Sie etwas trinken?

Emil: Ein Mineralwasser ohne Kohlensäure bitte.

Kellnerin geht ab.

Emil studiert die Menukarte.

Kellnerin *erscheint*: Möchten Sie etwas trinken?

Emil: Ja, ich habe es doch schon bei Ihnen bestellt.

Kellnerin: Bei mir nicht.

Emil: Doch, vorhin hier am Tisch.

Kellnerin: Das kann nicht sein. Ich war in der Küche.

Emil: Also gut, ich möchte ein Mineralwasser ohne Kohlensäure.

Kellnerin: Und was möchten Sie gern essen?

Emil, *zögerlich*: Kann ich bei Ihnen bestellen?

Kellnerin: Sicher.

Emil: Einen Caesar-Salat bitte.

Kellnerin geht ab.

Emil guckt in seine Zeitung.

Kellnerin erscheint und stellt die Mineralwasserflasche auf den Tisch.

Kellnerin geht ab.

Emil schenkt sich ein Glas ein.

Kellnerin *erscheint mit Mineralwasser am Tisch*: Oh, woher haben Sie denn diese Flasche?

Emil, etwas gereizt: Die haben Sie mir doch gerade auf den Tisch gestellt.

Kellnerin: Das stimmt nicht. Haben Sie die Flasche etwa selbst mitgebracht? Sehen Sie, ich habe eine ganz andere Marke.

Sie hält die beiden Flaschen nebeneinander.

Emil *bemerkt, dass die anderen Gäste schon schauen*: Aber den Caesar-Salat bitte nicht auch doppelt!

Kellnerin: Wieso doppelt? Sie möchten also gern einen Caesar-Salat?

Emil, *leicht grantig*: Ja, den habe ich doch gerade bei Ihnen bestellt!

In diesem Moment erscheint eine zweite Kellnerin und bringt den Caesar-Salat an den Tisch.

Kellnerin: Nein, den haben Sie bei mir bestellt!

Die beiden Kellnerinnen lachen herzhaft.

Kellnerinnen: Wie Sie sehen, sind wir Zwillinge! Wir wünschen Ihnen einen guten Appetit!

Auch die anderen Gäste lachen, denn sie wussten bereits, dass man im Restaurant »Twins« (Zwillinge) neue Kunden auf diese etwas spezielle Art willkommen heisst.

Lange Zeit war das Restaurant zu – vielleicht hing an der Tür ein Schild mit der Aufschrift »Wegen Zwillingsmangels vorübergehend geschlossen«. Ich habe gehört, dass es demnächst am *Times Square* das irritierende Spiel mit seinen Gästen wieder aufnehmen will. Gehen Sie doch mal auf Entdeckungsreise, am besten mit Ihrem Zwillingsbruder oder Ihrer Zwillingsschwester, und inszenieren Sie ein Chaos total!

★ ★ ★ Auf den Hund gekommen

Eine Frau aus der Schweiz schickte mir nach New York einen Brief und schilderte darin folgende Geschichte:

Ein Mann geht mit seinen zwei Schäferhunden jeden Morgen spazieren. Weil es grosse Hunde sind, machen sie natürlich auch grössere Haufen. Anstelle der in der Schweiz vorgeschriebenen genormten *Robidog*-Säckchen nimmt er einen etwas grösseren weissen Plastiksack mit, um hinter seinen Hunden gleich wieder sauber zu machen. Wieder zu Hause angekommen, bemerkt er, dass er vergessen hat, den Sack mit dem Hundekot in einen der dafür vorgesehenen grünen Behälter zu werfen. Da er gleich anschliessend mit dem Auto ins Einkaufszentrum fahren muss, wirft er den Plastiksack in der Nähe dieses Zentrums in einen Hundekotbehälter. Er realisiert dabei nicht, dass er sich bereits im Nachbarkanton befindet und von einem Ladenbesitzer beobachtet wird, der sofort seine Autonummer notiert und ihn anzeigt.

Aufgabe des Gemeindeschreibers ist es nun, das Corpus Delicti, den weissen Sack also, im Hundeabfallbehälter zu suchen, ihn unter grösster Mühe durch die schmale Öffnung zu ziehen und zu öffnen. Sofort wird festgestellt, dass sich in dem Sack zu viel Kot befindet. Zulässig ist jeweils nur der Dreck eines Hundes pro Spaziergang und natürlich nur der Kot eines kantonalen Hundes. Der Hundebesitzer muss ein Bussgeld samt den Gerichtskosten bezahlen.

Es ist also ratsam, bei Einkäufen in fremden Kantonen den Hund zu Hause zu lassen, jedenfalls so lange noch nicht an jeder Kantonsgrenze Not-Hundekotbehälter stehen. Ich glaube, es würde schon ein wenig zu weit führen, wenn von nun an Beamten an jeder Kantonsgrenze bei Leuten mit Hunden Stichproben machen müssten, ob sie in ihrem Gepäck gefüllte Hundekotsäcklein bei sich tragen, um sich ihrer im anderen Kanton zu entledigen.

Also, ich muss sagen, solche heiklen Probleme werden von den Amerikanern viel eleganter gelöst.

In der *Berner Zeitung* vom 1. August 2001 las ich eine Notiz über eine ganz neue Art von amerikanischem Business:

»Jetzt sehe ich statt Kot nur noch Dollarscheine auf dem Bürgersteig herumliegen.« Dies sagte der Chef einer New Yorker Firma, die sich *Poop Nanny* nennt. Die Angestellten dieser Firma holen auf dem Gehsteig vor dem Haus, vor der Garageneinfahrt und im Garten mit Rechen, Müllschaufeln und Plastiktüten alle Hundekothaufen ab. Der Chef dieser Firma sagt, es gäbe viele Ärzte, Manager und Unternehmer, die sich vor diesen Haufen ekeln oder die einfach keine Zeit hätten, sich um die Hinterlassenschaften ihrer Vierbeiner zu kümmern. Solche Hundebutler, auch *Poop Patrol* und *Doggie Nanny* genannt, verdienten bis zu 5000 Dollar im Monat. Anfangs sei zwar der Geruch noch schlimm, aber mit der Zeit gewöhne man sich daran, und irgendwann rieche man es gar nicht mehr. Seine früheren Jobs als Hausverwalter und Büroangestellter hätten ihm, dem Chef, hingegen sehr gestunken.

Vielleicht lachen Sie jetzt und sagen, die spinnen, die Amerikaner, machen aus allem ein Geschäft. Aber so dumm ist diese Idee gar nicht.

Es war einmal eine Kunstmalerin in New York, die dringend Geld benötigte, um ihre offenen Rechnungen zu bezahlen. Um wenigstens ein bisschen Geld zu verdienen, führte sie für zwei Stunden den Dobermann fremder Leute aus. Mit seinen 70 Kilo raubte ihr der Hund die letzten Kräfte. Nach dem Spaziergang war sie so erschöpft, dass sie nicht einmal mehr einen Pinsel ruhig halten konnte ... Heute hat diese Frau 25 Angestellte. Ihre Hauptbeschäftigung ist nicht mehr das Ausführen von Hunden, sondern das Einstellen neuer Hundeausführ-Mitarbeiter.

Vor fünf Jahren gab es in der City von New York etwa ein Dutzend Hundeausführer, mittlerweile sind es Hunderte. Über eine spezielle Telefonnummer erhält man Auskunft über die Adressen von mehr als zwanzig ortsansässigen, professionellen Hundespaziergängern.

Wer in diesem Business jährlich 30 bis 45 Tausend Dollar verdienen will, muss fünf Tage die Woche, den ganzen Tag lang bei Sonne und Regen Hunde ausführen. Aber auch in diesem Metier gibt es schon wieder ein paar Unseriöse, die sich schnelles Geld verdienen wollen. Sie gehen einfach mit bis zu neun Hunden gleichzeitig spazieren. Die armen Hunde verheddern sich laufend in den Leinen und sind beim Überqueren der Strassen eine richtige Gefahr: Zwei Hunde bleiben mitten auf der Strasse stehen, einer möchte zurück, die anderen ziehen auf die andere Seite ... Und schliesslich kommt auch wieder das Problem mit dem Hundekot, den man in New York wie in der Schweiz sofort beseitigen muss. Bei neun Hunden kann ich mir da sehr komische Szenen vorstellen: Einer hat einen guten Platz gefunden, um seinen Kack zu machen.

Jetzt ist es am Hundeführer, den Kot gleich aufzunehmen. Einer der anderen Hunde schnuppert interessiert daran, ein anderer pinkelt an die Hauswand, zwei andere zieht's zum nächsten Baum, zwei Hunde laufen rückwärts, und die Leinen verheddern sich in den Beinen des Hundeführers, der sich nur noch eine Frage stellt: Wohin mit all den Plastiksäckchen, die von Strassenecke zu Strassenecke immer mehr werden? Eigentlich gehörte doch da zur Berufsuniform eine eigens konstruierte Umhängetasche mit kleinen Lüftungsschlitzen, denn mit neun Leinen gleichzeitig in den Händen hat man keine Finger mehr frei, um die Säckchen vor sich her zu tragen. Wahrscheinlich ist auch dieses Business noch in jeder Beziehung ausbaufähig, denn eigentlich gehörte zur Ausrüstung auch gleich noch ein Stromprüfgerät. Warum?

Es gehört natürlich auch zu den Aufgaben eines Hundeführers, allen Besitzern ihre Hunde und Hündchen pünktlich wieder gesund auf den Schoss zurückzubringen. Aber auch da lauern eben in New York ganz andere Gefahren, als wir sie in Europa kennen.

Die elektrischen Kabel, aus denen die Strassenlaternen ihren Strom erhalten, sind in den USA nicht immer ganz professionell verlegt und isoliert. Wenn dann ein Hund vorbeikommt und sein Beinchen am Laternenpfahl hebt, kann es schon mal vorkommen, dass er von einem Stromschlag getroffen wird. Aber vielleicht will man ja so die Hunde dazu erziehen, ihr Geschäft anderswo zu verrichten. Da müssten aber noch viele Kabel verlegt werden!

★ ★ ★ New York – eine saubere Sache

Quartierbewohner, Ladenbesitzer, Behörden, Hausbesitzer, Politiker, Männer wie Frauen wollen immer nur das eine: New York muss sauberer werden.

Mir ist aufgefallen, dass die Bürohäuser in der City laufend gepflegt werden. Fassaden, Türen, Fenster, Türgriffe, Vorplätze, Gehsteige, Rolltreppen, überall sind Putzequipen an der Arbeit. Ob unten am Boden oder an Seilen hängend, ob bei Tag oder bei Nacht – es wird geputzt.

Der schlechte Ruf, New York sei eine dreckige Stadt, entspricht schon lange nicht mehr der Realität. Sogar die Rasenstücke entlang der Autobahn zwischen dem Flughafen und der City werden regelmässig gesäubert. Oft werden solche Reinigungsarbeiten kilometerweise an Unternehmen abgetreten, die zwar selbst keine Säuberungsanstalten sind, als Gönnerbeitrag aber die Reinigung für die vertraglich vereinbarten Autobahnkilometer übernehmen. Dafür dürfen sie dann eine Tafel mit dem Hinweis aufstellen, dass ihr Unternehmen die Reinigung gesponsert hat. Auch eine Art von Werbung.

In der City passiert etwas Ähnliches. Geschäftsleute und Quartierbewohner engagieren Strassenkehrer, meist Arbeitslose, die sich um die Reinigung der Strassen in ihrem Wohnviertel kümmern. Die Verpflegung der Strassenkehrer übernehmen die Anwohner selbst, dafür ist halt der Lohn nicht so gewaltig. Was aber die Strassenputzer am meisten freut ist, dass sie nicht wie anonyme Arbeiter behandelt werden, sondern ein gutes Verhältnis zu den Quartierbewohnern haben. Man grüsst und achtet sich gegenseitig – und das motiviert.

New York wird sauber, das hat für viele eine ganz andere Bedeutung. Sie verstehen darunter, dass eine moralische Säuberung stattfindet.

Kennen Sie die legendäre 42nd Street? Bei dieser Glitter- und Glimmer-Strasse am *Times Square*, die durch Musicals und Filme weltberühmt wurde, ist leider in den vergangenen 20 Jahren ein bisschen der Lack abgeblättert, und schliesslich verfiel sie ganz dem sündigen Leben. Video- und Sexshops siedelten sich an, dazwischen leuchteten noch mit letzter Kraft die alten antiken Lichtreklamen der Kinos. Dubiose XXX-Filmtitel waren angesagt. Die einstigen strahlenden Kinoeingänge sahen schliesslich aus wie Portale zur letzten Schmierenshow. Hier fand die Kriminalität einen guten Nährboden. Kein Wunder, dass die Passanten ihre Taschen und Portemonnaies in dieser Strasse besonders fest hielten.

Aber Sie wissen ja, in Amerika ist nichts unmöglich. Die Stadtbehörde, verstärkt durch aktive und progressive Frauengruppen, nahm die 42nd Street ins Visier und kaufte ein Haus nach dem anderen auf. So konnte man die etwas zwielichtigen Mieter samt ihrer Ware auf die Strasse setzen. Daraufhin liess man bei den über 40 Läden die Rolläden runter und beauftragte ein paar Künstler damit, die Metallläden bunt zu bemalen, damit es nicht so trostlos aussah. Seriöse Geschäftsleute und Galeriebesitzer, die es in dieser Strasse trotz allem noch gegeben hat, wurden finanziell entschädigt und beim Suchen neuer Ladenlokale aktiv unterstützt. Auf die Leuchttafeln über den Kinoeingängen schrieb man lyrische Texte.

Mittlerweile hat das *saubere* Leben in dieser Strasse

wieder Einzug gehalten. Souvenirläden und Zaubershops eröffneten, und auch die Firma *Disney* hat sich eingenistet und ist mit einem Theater, mehreren Kinos und einem Hotel vertreten. Der Sender *MTV* hat ein Ton- und Fernsehstudio eingerichtet, und auch die Fast-Food-Liebhaber kommen nicht zu kurz. Es war eine richtige Generalstabsarbeit, diese Strasse zu säubern. Aber dem Bürgermeister war das noch nicht genug. Er dehnte seinen Säuberungsfeldzug gleich auf ganz Manhattan aus.

Allen Strip-, Sex- und Video-Läden wurden Gesetze bezüglich des Standorts aufgebrummt, die dazu führten, dass ein grosser Teil dieser Geschäfte schliessen musste.

Jetzt war der eiserne Besen nicht mehr zu bändigen. Zu viele Kioske an den Strassen mit freizügigen Magazinen, zu viele Zeitungsboxen, die die Fussgänger behindern, zu viele Bretzel- und Hot-Dog-Wägelchen … Das Strassenbild sollte sich total verändern. Mit Sauberkeit hatte das schon lange nichts mehr zu tun.

Einigen Leuten ging das zu weit. Stimmen wurden laut, Künstler gingen mit Plakaten auf die Strasse, zeigten Karikaturen des Bürgermeisters, und auch in Zeitungsartikeln wurde Mister Giuliani vermehrt angegriffen, weil plötzlich alle Angst bekamen, dass New York seine berühmte Patina verlieren könnte, die doch diese Stadt so einmalig machte. Man wollte diesen Putzteufel bremsen, damit nicht am Ende ein Geruch von *Meister Propper* über dieser Stadt läge, in der sich nur noch Donald Duck und Mickey Mouse »Gute Nacht« sagen würden.

In meinem Wohnzimmer wird es plötzlich dunkel. Zwei Männer erscheinen vor meinem Fenster. Mit einem Liftsystem werden sie an der Fassade heruntergelassen. Wie in einem modernen Ballett reinigen sie fast synchron und mit grosser Routine von aussen meine Fenster. Dann drückt einer auf einen Knopf, der Lift verschwindet mit den beiden Gestalten langsam nach unten, und in meinem Zimmer wird es wieder hell.

New York, bleib so, wie du bist! Sogar für einen Schweizer bist du sauber genug.

★ ★ ★ New Glarus

Stellen Sie sich folgende Situation vor: Ein Gemeindepräsident oder Bürgermeister einer kleineren Gemeinde schickt eines Tages einen Juristen und einen Baufachmann mit dem Auftrag nach Amerika, dort auszukundschaften, ob es noch freies, unbesiedeltes Land gäbe, auf dem man arbeitslose Schweizer, genauer gesagt Glarner, ansiedeln könnte. Sie sollten dort den Boden bearbeiten, Häuser errichten und die für ihre Bedürfnisse nötigen Betriebe aufbauen. Das Gebiet müsse aber der Schweiz ähneln, damit bei diesen Menschen kein Heimweh aufkommen könne. Die wirtschaftlichen Bedingungen sollten hingegen nicht identisch mit denen in der Schweiz sein.

Genau das hat sich zugetragen, als im Jahre 1845 im Schweizer Kanton Glarus grosse Arbeitslosigkeit herrschte. Es wurden also zwei Herren nach Amerika entsandt, um dort Land für Schweizer Auswanderer zu kaufen. Nachdem es ihnen gelungen war, ein grösseres Gebiet, das der Schweizer Landschaft ähnelte, zu erwerben, machten sich die ersten 108 arbeitslosen Glarner auf den Weg nach Amerika. Dem neu errichteten Ort gab man den Namen *New Glarus*. Bereits 1851 öffnete in New Glarus der erste Laden, ab 1853 gab es auch ein Hotel, und seit 1870 hatte die Ortschaft eine eigene Käserei.

Als ich mit Niccel auf einer kleinen Ferienreise durch Wisconsin war, entdeckten wir auf der Strassenkarte zirka 150 Meilen nordwestlich von Chicago den Ort New Glarus. Es war gar keine Frage, dass wir uns diese Ortschaft angucken wollten.

Wenn man mit dem Auto in diesem 1900 Seelen zählenden Dorf ankommt, begrüssen einen überall am Strassenrand Fahnen mit dem Schweizerkreuz und dem Willkommensgruss »Grützi«. Ich mokierte mich natürlich sofort über diese Schreibweise:

»Die können ja noch nicht einmal richtig *Grüezi* schreiben!«

Noch am gleichen Abend wurde ich von einem Einheimischen belehrt, dass dies die für Amerikaner richtige Schreibweise sei, da sie das Wort so wenigstens richtig aussprechen würden.

Darf ich mir an dieser Stelle eine kleine Zwischenbemerkung erlauben? Ich erlebe immer wieder, dass sich Deutsche bei mir mit »Grüezi« verabschieden. *Grüezi* ist aber ein Begrüssungswort, man kann es also nicht anstelle von »Auf Wiedersehen« sagen. Ausserdem wird das *e* in Grüezi als starkes *e* ausgesprochen. Also: GrüEzi! Aber das sind schon wieder Details.

Auf unserem Spaziergang durch New Glarus entdeckten wir richtige Schweizer Châlets und eine Bäckerei mit einem dazugehörigen *Tea Room* – ein Wort, das ich in den USA schon lange vermisst hatte. Aber nicht nur das Wort, sondern vor allem auch das reichhaltige Angebot an Kuchen, Schnecken und Nussgipfel. New Glarus besass auch ein Schokoladengeschäft, eine Pizzeria Ticino, eine kleine Bierbrauerei, einen Minigolfplatz und sogar einen eigenen TV-Kanal. Selbstverständlich gab es auch eine Bank und ein Postbüro, einen *Wilhelm Tell Supper Club*, Alterswohnungen, eine Klinik und zwei sehr schöne Hotels im Châlet-Stil.

Plötzlich fuhr ein Polizeiauto an uns vorbei. Das

war dann wieder ein etwas ungewöhnlicher Anblick, denn die Polizisten sassen in einem grossen und breiten Ami-Schlitten und liessen lässig ihre Arme aus dem Fenster baumeln. Auch die obligatorischen, eleganten Sonnenbrillen fehlten nicht. Fast unhörbar fuhr das Auto langsam durch die relativ schmalen Strassen von New Glarus, um für Recht und Ordnung zu sorgen. So sieht also der neue *swiss american style* aus!

Die jährlichen Höhepunkte im amerikanischen Schweizer Dorf sind die Tell-Spiele, die seit 1938 in englischer Sprache aufgeführt werden, das Polkafest und das Heidi-Festival. Busunternehmen aus ganz Amerika reisen zu diesen Events an, denn sie zählen zu den hundert besten Sehenswürdigkeiten der Vereinigten Staaten. Der Touristenansturm sei auch im Herbst sehr gross, erzählte mir einer der Schweizer Hoteliers, wenn alle Bäume ihre wunderschöne Farbenpracht präsentieren.

Falls Sie in Amerika Ferien machen möchten, wegen der Sprache aber ein wenig Hemmungen haben, kann ich Ihnen nur raten, beginnen Sie Ihre Reise in New Glarus. Dort empfängt man Sie in den Hotels gern auf Deutsch oder Schweizerdeutsch und zeigt Ihnen, wie Sie die Staaten von New Glarus aus entdecken können.

Mit der Bahn kommen Sie allerdings nicht nach New Glarus, denn die Bahnlinie wurde vor Jahren stillgelegt. Man liess aber die Schienen nicht einfach mit Gras überwuchern, sondern teerte den 40 Kilometer langen Schienenstrang und machte daraus einen komfortablen Radweg, der keine grossen Steigungen aufweist. Das tönt doch so gut, dass man am liebsten gleich da bleiben möchte, oder?

Aber aufgepasst, heute hätten die amerikanischen Einwanderungsbehörden wahrscheinlich für Schweizer Arbeitslose und andere Europäer, die sich fest bei ihnen ansiedeln möchten, nur noch ein müdes Lächeln übrig: »Geschlossene Gesellschaft!«

★★★ Im Namen des Gesetzes

Aufgepasst! Schnell kann man in den USA in einem Gefängnis landen, denn es ist kaum möglich, alle Gesetze der 50 Staaten zu kennen und im Kopf zu behalten. Jeder dieser Staaten hat ganz andere Auffassungen von Moral, Anstand und Sittenverstössen.

Wenn zum Beispiel am *Sunset Boulevard* in Los Angeles eine Frau stundenlang auf dem gleichen Fleck steht, könnte es doch durchaus sein, dass sie von einem Europäer angesprochen wird. Aber Achtung! Sollte er dabei von der Polizei beobachtet werden und sich herausstellen, dass die Frau eine Liebesdienerin ist, dann herrscht Alarmstufe Eins!

Kaum vorstellbar ist, dass in einer Stadt wie New York die Prostitution verboten ist. Wie dieses Gesetz angewendet wird, kann ich Ihnen in diesem Buch nicht erklären. Nicht etwa aus Gründen der Diskretion, sondern weil ich es schlicht und einfach nicht weiss. Es ist schon absurd: Manchmal sieht man in Manhattan etwas speziell gekleidete Frauen am Strassenrand stehen, aber sobald sich ein Polizeiauto nähert, verschwinden sie. Gleichzeitig verkauft aber der Kiosk auf der anderen Strassenseite Zeitungen mit sehr einschlägigen Inseraten.

Ein Bekannter von mir wurde beim Verlassen eines verdächtigen Hauses von der Polizei aufgefordert, sich an die Hauswand zu stellen. Er wurde sofort durchsucht und befragt, wen er in diesem Haus besucht habe. Hätte er auch nur einen falschen Satz gesagt, er hätte die Nacht in der Zelle verbringen müssen. Moralische Haltungen und die Anwendung von Gesetzen sind in den USA manchmal schwer nachvollziehbar.

Mehr Spass bereitet da sicher das Lesen einiger Gesetzes-Müsterchen aus den verschiedenen amerikanischen Staaten.

Im Gesetzbuch des Staates Texas steht, dass Schüler mit ungewöhnlichen Haarschnitten von der Schule gewiesen werden können. Ich dachte zuerst, dass es sich dabei um ein uraltes Gesetz handeln müsse. Falsch gedacht! Erst im Jahr 1990 wurde ein Drittklässler mit langen Haaren von der Schule geschmissen. Seine Mutter prozessierte natürlich und unterrichtete fortan ihren Sohn selbst. Daraufhin hat das Oberste Gericht von Texas einen Grundsatzentscheid gefällt: Kinder mit ungewöhnlichen Haarschnitten dürfen jederzeit von der Schule gewiesen werden. Eigentlich kein amüsantes Beispiel.

Wenn wir schon mal in Texas sind, George und Babs Bush und auch ihr Sohn, George W. Bush, der jetzige Präsident der Vereinigten Staaten von Amerika, stammen aus Texas, genauso wie Anna Nicole Smith und Shawne Fielding-Borer, die Gattin des ehemaligen Schweizer Botschafters in Berlin, Thomas Borer.

In Texas ist es verboten, die Kuh eines anderen zu melken und Limburger Käse darf an Sonntagen nicht verkauft werden – *verläuft er sich sonst in die Kirche?* In San Antonio, Texas, ist es nicht erlaubt, mit den Augen und/oder mit den Händen zu flirten – *da bleiben einem nicht mehr viele andere Möglichkeiten!*

Aber jetzt, wie versprochen, ein paar Ausschnitte aus anderen amerikanischen Gesetzbüchern. Halten Sie sich fest!

Im Staate Florida, in Sarasota, darf man nicht singen, wenn man nur mit einem Badeanzug bekleidet ist. Im Staat Indiana ist es nicht gestattet, vier Stunden vor einem Theaterbesuch Knoblauch zu essen – *ist denn der Geruch so stark, dass die Schauspieler aus der Rolle fallen würden?* Im Staat Vermont ist es Vorschrift, dass eine Frau nur mit Bewilligung ihres Mannes falsche Zähne tragen darf. Natürlich ist es untersagt, die Existenz Gottes anzuzweifeln. Auch der Staat Alaska hat ein paar Besonderheiten im Gesetzbuch. Es ist erlaubt, auf Bären zu schiessen, man darf aber schlafende Bären nicht wecken, um ein Foto von ihnen zu *schiessen*. Die Geschwindigkeitsgrenze für Feuerwehrautos wurde auf 40 Meilen herabgesetzt, auch wenn sie unterwegs zu einem Brand sind. Per Gesetz wurde auch festgehalten, dass Feuerwehrautos bei Rotlicht an der Ampel anzuhalten haben – *wahrscheinlich sagen die sich, da bei ihnen die meisten Häuser aus Holz sind, dass sie ja sowieso immer zu spät kommen.* In Hartford, Connecticut, darf ein Mann seine Frau am Sonntag nicht küssen – *ist ja klar, bei einer Sechstage-Woche!* In Norfolk erhält ein Mann eine Gefängnisstrafe von 60 Tagen, wenn er seiner Frau den Hintern versohlt – *geschieht ihm auch recht!*

Nein, liebe Leserinnen und Leser, das sind jetzt keine Lügengeschichten, das sind wirklich Gesetze aus den USA, schwarz auf weiss, zusammengestellt von einer amerikanischen Zeitschrift.

In Lebanon, Virginia, ist es dem Mann nicht erlaubt, seine Frau aus dem Bett zu werfen – *vielleicht darf aber wenigstens die Frau den Mann aus dem Bett werfen, der ursprünglich sie aus dem Bett werfen wollte.* Man darf im Staate Arizona, in Glendale, mit dem Auto nicht rückwärts fahren – *das muss ich mal kontrollieren gehen, das erscheint mir jetzt etwas sehr unglaubwürdig.*

Vertragen Sie noch ein paar Beispiele? Es geht weiter.

In Portland, im Staate Maine, darf ein Mann seine Frau nicht mit einem Federkiel am Kinn kitzeln – *vielleicht aber mit einer Mistgabel?* Nach 18 Uhr wird Eiscreme nur noch an Personen verkauft, die ein ärzt liches Zeugnis vorweisen können – *verständlich, denn nach 18 Uhr ist das Eis vermutlich doppelt so kalt und es besteht akute Erfrierungsgefahr!* Im Staat New Jersey ist es nicht gestattet, eine Suppe zu schlürfen – *ich gebe es zu, dieses Gesetz galt bei uns zuhause auch.*

Der Staat Nevada verbietet es, mit einem Kamel auf die Autobahn zu gehen – *auch, wenn es Winterpneus hat?* Und in Eureka dürfen Männer mit Schnauz keine Frauen küssen – *vielleicht ist jemand aus der Leserschaft so mutig, einmal zu testen, was passiert, wenn man es trotzdem macht.*

Jetzt kommen wir in den schönen Staat Californien. In Los Angeles darf ein Mann seine Frau mit einem Lederriemen schlagen, aber nur, wenn er nicht breiter als zwei *inches* (also 5 cm) ist, es sei denn, sie gäbe ihm die Bewilligung für einen breiteren Lederriemen. In Pasadena ist es einer Sekretärin untersagt, ganz allein mit ihrem Boss im Büro zu sein – *und umgekehrt?* In Californien ist es Menschen ohne Jagdschein auch nicht erlaubt, eine Mausefalle aufzustellen und sein Auto darf man nicht mit gebrauchter Unterwäsche polieren – *und waschen?*

Wussten Sie, dass die Haare einer Frau dem Mann gehören? Er darf darüber entscheiden, ob kurz oder lang! So ist es jedenfalls im Staate Michigan üblich. Da ist es auch rechtens, einen Zahnarzt Mechaniker zu nennen – *wie wäre es zur Abwechslung mal mit Brückenbauer?* Auch hier darf die Ambulanz nicht schneller als 35 Meilen fahren. Liebe machen im Auto ist selbstverständlich nur auf privatem Terrain erlaubt – *wie aufregend!*

Wie kompliziert wird es, wenn man liest, dass in Little Rock, Arkansas, das Flirten mit dem anderen Geschlecht auf der Strasse mit 30 Tagen Gefängnis bestraft wird – *hoffentlich kommen beide in die gleiche Zelle!* Bill Clinton kommt übrigens auch aus Arkansas. Naja, alles was verboten ist, reizt. In Monroe, Utah, darf man nur bei Tageslicht tanzen – *so kann man natürlich die Fehler des Partners viel besser entdecken* –, und Vögel haben auf allen Autobahnen Vorrecht – *den Eindruck hatte ich auch schon öfters.* Sogar die Länge eines Kusses kann gesetzlich verankert werden. In Halethorpe, Maryland, ist es gesetzlich verboten, länger als eine Sekunde zu küssen. E i n u n d z w a n z i g ... fertig! *Besser als gar nichts!* In Pocatello, Idaho, ist es Fussgängern und Automobilisten untersagt, Grimassen zu schneiden und depressiv zu schauen, weil damit der Ruf der Stadt geschädigt werden könnte.

Auch in New York City gibt es ein Gesetz, das die Fussgänger angeht, das heisst, es geht nur die männlichen Fussgänger etwas an. Es ist Männern nicht gestattet, sich nach einer Frau umzudrehen und sie auf eine ganz spezielle Art anzugucken. Gesetzesübertreter werden gezwungen, Scheuklappen zu tragen – *geschieht ihnen recht, diesen Hengsten!* Und in der City ist es nicht erlaubt, einen anderen Menschen zu *grüssen,* indem man den Daumen auf die Nase legt und mit den restlichen Fingern der Hand Winkbewegungen macht – *schade eigentlich, das würde doch das Strassenbild ein bisschen aufpeppen.* Ich kann es einfach nicht glauben, dass heute noch im Gesetzbuch von Tennessee steht, dass eine Frau nicht allein das Auto steuern darf. Der Mann muss zumindest vor dem Auto her laufen oder springen und eine rote Fahne schwenken, um die Fussgänger und andere Motorisierte vor seiner Frau zu warnen. Wussten Sie, dass man in Logan County, Colorado, eine schlafende Frau nicht küssen darf – *ja, da hätte Dornröschen noch lange weiterschlafen müssen!* Was Sie sich unbedingt merken sollten, falls Sie eine Amerikareise planen: Es gibt Vorschriften, die es verbieten, einem Kunden an einem Sonntag gleichzeitig Zahnbürste und Zahnpasta zu verkaufen – *naja, das ist ja auch ungefähr genauso verdächtig, wie wenn einer eine Pistole und gleichzeitig Munition kaufen will.* Das sind halt die Finessen, die uns zu unseren europäischen Ladenschlussgesetzen noch fehlen.

Auch, dass man in Rhode Island nach Sonnenuntergang keine Pfeife mehr rauchen darf, leuchtet mir vollkommen ein. Dass hingegen in Salem, Massachusetts, ein frisch vermähltes Paar in gemieteten Räumen nicht nackt schlafen darf, klingt schon ein bisschen hart – *oder haben dort alle eine Eigentumswohnung?* Duellieren mit Wasserpistolen ist übrigens ebenfalls verboten – *vermutlich wegen Wassermangels.*

In Asheville, North Carolina, darf man auf der Strasse nicht niesen – *also immer schnell zu jemandem ins Auto springen!* Bei Paaren, die für eine Nacht ein Hotelzimmer mieten, müssen die Betten mindestens zwei *feet* (also 60 cm) auseinander stehen. Aber dass sie sich auf den 60 Zentimetern zwischen den Betten nicht auf dem Boden lieben dürfen, erscheint mir wie ein Affront gegen die Teppichhändler.

Die Moral in Georgia verbietet es, Schaufensterpuppen die Kleider zu wechseln, ohne dabei die Storen runterzulassen – *dabei ist so mancher Passant brennend interessiert, endlich zu erfahren, ob die Puppen unter den Röcken auch Höschen tragen.* In Alabama dürfen Männer in der Kirche keine falschen Bärte tragen, da sie dadurch andere zum Lachen bringen könnten – *ich kann auch ohne Schnauz Leute zum Lachen bringen!* Mit dem Tode bestraft wird man im gleichen Staat, wenn man Salz auf das Bahngleis streut – *es gibt auch keine mildernden Umstände, wenn der darüberfahrende Zug einen Speisewagen angehängt hatte.* Und jetzt kommt noch eine kalte Dusche: In North Dakota, genauer gesagt in Fargo, ist es strengstens untersagt, Bretzel und Bier gleichzeitig zu servieren – *deshalb sind immer so viele aus North Dakota auf dem Münchner Oktoberfest!* In Omaha, Nebraska, ist es unzulässig, als Friseur die Brust seines Kunden einzuseifen und zu rasieren – *und wie steht es mit der Kundin?* Schlimm wird es, wenn einem Kind in der Kirche, begleitet von seinen Eltern, Winde abgehen. Die Eltern werden sofort verhaftet.

Ich glaube, mehr solcher unglaublicher Gesetze erträgt man fast nicht. Oder doch? In St. Croix, im Staate Wisconsin, ist es Frauen nicht erlaubt, in der Öffentlichkeit die Farbe Rot zu tragen – *wahrscheinlich käme es sonst immer zu Irritationen im Verkehr.*

Noch zwei, drei Beispiele gefällig? Danach lasse ich Sie damit in Ruhe.

In Chicago ist Englisch nicht gestattet. Es muss Amerikanisch gesprochen werden. Und in New Orleans ist es gottseidank verboten, jemanden zu beissen. Es ist sogar strengstens verboten, wenn der Beisser falsche Zähne hat. Frauen im Staate Montana ist es untersagt, die Briefpost ihres Mannes zu öffnen – *so kommt endlich Ordnung in die Welt!*

Finden Sie nicht auch, dass solche Gesetze zu einer fröhlicheren und unbeschwerteren Welt beitragen?!

Wussten Sie, dass es in Los Angeles folgendes Gesetz gibt – *Sie sehen, ich kann es nicht lassen!* »Jeder hat per Gesetz das Recht, sich zu vermehren, egal wie.« Und es werden bereits alle möglichen Register der Vermehrungsarten gezogen. Für den Samen kann man anhand einer Liste einen möglichst gescheiten – *nicht unter einem Nobelpreisträger, wenn's geht!* –, möglichst blondhaarigen, musisch veranlagten Wunschvater aussuchen. Dann trägt eine Frau das Kind für eine andere aus. Und schon erblicken Kinder mit ganz besonderen Talenten das Licht der Welt. Es macht nichts, wenn das Kind überhaupt keine Ähnlichkeiten mehr mit seiner Mutter und seinem Vater hat – *also damit meine ich jetzt diejenigen, bei denen es aufwächst. Sie sehen, es wird schon kompliziert mit der Wortwahl.* Hauptsache ist, dass so ein Kind blitzgescheit ist, auch wenn nachher die Eltern in Bedrängnis kommen, weil sie ihrem Kind gar nicht mehr das Wasser reichen können.

Letzthin habe ich bei einer Fernsehreportage miterlebt, wie ein 10-jähriges Kind anhand eines Fotos die Zusammensetzung seiner Familie erklärte:

»Das war die Ziehmutter. Die da ist meine jetzige Mutter, die darauf achtet, dass ich es gut habe. Das ist mein Vater, der das Geld verdient, und das hier ist mein Samenvater. Hier sind noch ein Halbbruder und eine Halbschwester, die sind vom gleichen Samenvater ...«

Zurzeit sind in den USA die Gesetze über das Klonen von Menschen in Bearbeitung. Hoffentlich fallen sie nicht genauso skurril aus, wie einige der Gesetze, von denen ich Ihnen gerade berichtet habe.

⋆ ⋆ ⋆ Die Kirche segnet alle

Eines Morgens, als ich gerade auf dem Weg zu meinem Frühstücksrestaurant war, begegnete mir ein Mann, der ein grosses schwarzes Kreuz auf der Stirn hatte. Ich war etwas irritiert. Aber kaum wollte ich mir Gedanken darüber machen, was das zu bedeuten habe, kam mir auch schon eine Frau entgegen, die ebenfalls ein schwarzes Kreuz auf der Stirn trug. Je mehr ich mich dem *Rockefeller Center* näherte, desto auffälliger wurde, dass fast alle Leute, die auf dem Weg zur Arbeit waren, ein schwarzes Kreuz auf der Stirn hatten. Ich stand vor einem Rätsel.

Da bemerkte ich, dass viele Menschen durch die rechte Seitentür in die *St. Patrick's Cathedral* strömten und die Gläubigen die Kirche dann durch den linken Ausgang mit einem Kreuz auf der Stirn verliessen. Als Katholik habe ich kombiniert: Heute ist Aschermittwoch. Statt Asche auf das Haupt zu streuen, malte man hier jedem ein Kreuz aus Asche auf die Stirn. Und so wurde dann die Botschaft »So gedenke Mensch, dass du Staub bist und wieder zu Staub zurückkehren wirst« nach draussen getragen, und man bekannte sich dadurch gleichzeitig öffentlich zum katholischen Glauben. Für mich hatte es auch etwas Unheimliches an sich, denn es sah beinahe so aus, als kämen all diese Menschen von einem anderen Planeten. Zu Schulzeiten hat man mir die Asche etwas diskreter auf die Haare gestreut. In der Schule fragten dann die Kollegen frech: »Hesch au so komisches Züg uf em Grind?«

Ein halbes Jahr später, am *St. Francis' Day* im Oktober, erlebte ich die New Yorker Katholische Kirche noch einmal von einer ganz anderen Seite.

1892 wurde in New York mit dem Bau der zweitgrössten Kathedrale der Welt, *St. John the Divine*, begonnen. Fertig geworden ist das grosse Gotteshaus bis heute nicht. Immer wieder werden Gelder gesammelt und dann wird weitergebaut, erst im neobyzantinisch-romanischen Stil, später neugotisch. In dieser weltoffenen Kathedrale werden auch viele Konzerte, Feste und Ausstellungen veranstaltet.

Am *St. Francis' Day* sind die Gläubigen dazu eingeladen, ihre Tiere segnen zu lassen. Vor der Kirche traf ich auf eine mehrere hundert Meter lange Schlange. Und wenn ich *Schlange* schreibe, dann meine ich damit eine Menschenschlange, die begleitet war von lebendigen Schlangen, kleinen Leguanen, Mäusen, Schildkröten, Papageien, Meerschweinchen, Katzen, Hunden und allen nur vorstellbaren anderen Haustieren. Obwohl die grosse Kathedrale Platz für 4500 Menschen bietet, mussten viele mit ihren fein herausgeputzten Lieblingen draussen bleiben. Damit aber auch sie nicht ohne Segen nach Hause gehen mussten, hatte man in den angrenzenden Parks weitere Plätze eingerichtet, wo die Tiere gesegnet wurden. Pfarrer und Helferinnen sassen in kirchlichen Gewändern auf Parkbänken und die Tier- und vor allem Hundebesitzer warteten geduldig, bis sie mit ihren Vierbeinern an der Reihe waren. Es war verblüffend, wie anständig und gesittet sich diese Hunde benahmen. Kein Bellen, kein gegenseitiges Beschnuppern. Es schien, als wüssten sie, dass dies eine feierliche Zeremonie ist. Ich war völlig überrascht, wie zutraulich sich die Tiere gegenüber den Priestern verhielten. Ob Dogge oder Zwergpinscher, sie legten brav ihre Köpfe in die Hände der Geistlichen, und einige von ihnen wollten unbedingt mit der Zunge den Würdenträger lecken.

Die Hunde liessen sich segnen und zogen dann brav mit ihren Frauchen und Herrchen von dannen. Wer weiss, vielleicht hätten Sie am liebsten gleich noch gebeichtet, um geläutert in ihr Hundeleben zurückzukehren.

Als sich nach dem Gottesdienst die grossen Kirchenportale wieder öffneten, traute ich meinen Augen nicht. Priester trugen Affen und Schweine auf den Armen, während Kamele, Elefanten und Pferde Mühe hatten, die Kirchentreppen nicht herunterzustolpern. Ein Diakon führte einen kräftigen Stier am Strick. Auf dem Kopf eines anderen Würdenträgers sass ein farbenprächtiger Hahn. Eine Diakonin trug seelenruhig eine Schlange auf ihren Schultern.

Vielleicht zieht es nach diesem eindrucksvollen Tag den ein oder anderen Hund sonntags wieder einmal in Richtung Kirche – und Frauchen und Herrchen lassen sich dann zur Abwechslung mal von ihrem Hund an der Leine führen.

★ ★ ★ Über den Wolken

Während meiner Amerika-Zeit flog ich öfter in die Schweiz und dann natürlich die Strecke Zürich-New York auch wieder zurück. Der Flug dauerte ungefähr acht Stunden. Wenn jeweils das Licht im Flugzeug dunkel wurde, und die meisten Passagiere ihre Köpfe zur Seite legten, um zu schlafen, wusste ich, dass ich wieder einer der wenigen sein würde, die ohne Schlaf auskommen müssen. Entweder halten mich die Motorengeräusche oder das Geflimmer auf den Bildschirmen vom Schlafen ab, oder aber mein Hinterteil schmerzt, weil ich zu wenig Speck am Knochen habe. Ein zusätzliches Kissen hilft mir ebenso wenig wie ein Glas Rotwein. Schlaftabletten? Das versuche ich erst gar nicht. Ein Freund erzählte mir, dass er bei einem Flug eine zweite Pille geschluckt hatte, da die erste keine Wirkung zeigte. Nach der Ankunft in Zürich schlief er dann so fest, dass man ihn nicht mehr wach bekam und seine Begleiterin ihn schlafenderweise auf einem Rollstuhl durch die Passkontrolle zur Gepäckausgabe und durch den Zoll fahren musste.

Diesmal war das Wachbleiben während des Fluges nicht so tragisch für mich. Eine Hebamme aus New Jersey, die bereits mehr als 600 Geburten miterlebt hatte, sass neben mir. Sie erzählte, dass sie gerade ein Zweijahresprogamm beendet habe, bei dem sie im Auftrag des Staates 14- bis 18-jährige junge Mütter betreute. Die meisten von ihnen lebten allein, weil die Väter ihrer Kinder oft wegen Drogendelikten im Gefängnis sassen. Schwangere Teenager gehören zu den neuesten grossen Sorgen der Vereinigten Staaten.

Als wir über England flogen, *beichtete* die Hebamme, dass sie heute Geburtstag habe. Wir stiessen mit einem Glas Rotwein darauf an. Als wir südlich von Grönland waren, fragte sie zaghaft nach meinem Familiennamen.

»Steinberger«, antwortete ich.

Es verstrichen zwei Minuten, dann kam die nächste Frage:

»Sind Sie zufällig so eine Art Komiker?«

»Ja, so eine Art«, bejahte ich.

Plötzlich sprach sie in gebrochenem Schweizerdeutsch weiter und erzählte, dass ich sie in ihren ersten elf Lebensjahren, die sie in der Schweiz verbrachte, mit meinen Emil-Sketchen begleitet habe. Sie strahlte und war richtig happy, an ihrem Geburtstag neben mir den Flug nach New York machen zu können. Ich versprach, ihr ein Emil-Video zuzusenden. Schon bald waren wir über Halifax. Müde vom vielen Reden fielen meine Augen dann doch noch zu, für einen kurzen Schlaf über den Wolken.

Ab und zu wird im Flieger auch ein Film gezeigt, den ich noch nicht gesehen habe. Wenn es dann auf das Finale zugeht und die Spannung am grössten ist, gehen die Neonröhren an, Kaffeeduft steigt einem in die Nase und die Fensterverdunkelungen werden hochgeschoben. Viele Passagiere stehen auf, um sich zu strecken, gehen zur Toilette, und eine gewisse Nervosität entsteht. Die Frühstückstabletts werden verteilt, während auf den Bildschirmen immer noch der Film läuft. Aber als Filminteressierter habe ich jetzt keine Chance mehr, das Ende mitzubekommen, denn die Stewardessen versperren mir beim Servieren immer wieder die Sicht auf die Flimmerkiste.

Manchmal habe ich den Eindruck, dass so ein Film im Flugzeug nur Staffage ist. Es gehört halt dazu, dass Fluggesellschaften an Bord auch Filme zeigen, aber prinzipiell besteht keine Achtung vor der kreativen Leistung, die dahinter steht, geschweige denn vor dem Bedürfnis einiger Passagiere, den Film auch zu Ende zu sehen. Viel wichtiger ist, dass der Service zügig vorangeht, damit das Geschirr frühzeitig wieder zusammengeräumt werden kann.

Über den Wolken oder über das Meer? Vor diese Alternative gestellt, ziehe ich die kleinen Turbulenzen beim Fliegen einer Seekrankheit eindeutig vor. Auf der anderen Seite wäre so eine majestätische Einfahrt in den Hafen von New York, vorbei an der Freiheitsstatue, natürlich viel romantischer als die präzise Landung auf einer der vielen Pisten eines New Yorker Flughafens.

Dies gilt natürlich nur, wenn die Reise in Richtung Amerika geht. In umgekehrter Richtung ist ein Direktflug natürlich immer das Beste, denn wenn es nach Hause geht, kann die Reise nie kurz genug sein.

★ ★ ★ Gespensterstunde vor Mitternacht

Herzklopfen und zitternde Knie hatte ich fast jedes Mal, wenn ich nach der Ankunft im New Yorker Flughafen *J. F. Kennedy* vor dem Immigrations-Schalter in der Warteschlange stand. Warum weiss ich auch nicht. Es war immer alles in Ordnung: mein Aufenthaltsort, meine Papiere, meine Adresse … Ich besass sogar eine *social security number.* Und trotzdem liess diese Warterei immer sehr unangenehme Gefühle in mir aufkommen.

Auf die Frage, was ich in den USA vorhabe, konnte ich immer ehrlich antworten, dass ich eine Schule besuchen wolle, dass ich Ferien mache oder dass ich für Zeitungen schreibe. Ja, als Rentner konnte ich sogar mit gutem Gewissen sagen, das ich einfach gar nichts mache. Auch das wäre okay gewesen.

Mit der Zeit hatte ich mich für alle Eventualitäten gewappnet. Ich trug alte Schulzeugnisse bei mir, Empfehlungsschreiben von Redaktionen, Auftragsschreiben von Fernsehanstalten, Zeitungsausschnitte über mich und Kolumnen, die ich in diversen Zeitungen veröffentlicht hatte. Und dennoch gab es immer wieder heisse Diskussionen.

»Wovon leben Sie?« fragte der Immigrations-Beamte.

»Ich schreibe Kolumnen für eine Zeitung«, gab ich zur Antwort.

»Dann sind Sie also bei einer Zeitung angestellt«, folgerte er.

»Nein, ich bin selbständig Erwerbender«, korrigierte ich.

»Ja, aber Sie beziehen doch ein Salär von der Zeitung für die Sie schreiben. Also reisen Sie geschäftlich in die USA«, hakte er noch einmal nach.

»Nein. Das heisst …« Ach, hat ja sowieso keinen Wert, der versteht mich ja doch nicht! Hätte ich doch besser gesagt, ich wolle in den USA Ferien machen!

Geschäftsleute haben mir erzählt, dass sie das Wort *Business* bei der Immigration nie in den Mund nähmen, sondern immer *Holiday* als Grund für ihre Reise angäben. Natürlich tragen sie dementsprechend während der Reise weder Anzug noch Krawatte.

Wissen Sie immer, wenn Sie in die USA reisen und aus dem Flugzeug steigen, wie viel Geld Sie bei sich haben? Es kann nämlich durchaus passieren, dass man Sie danach fragt, und Sie, ohne nachzuzählen, den genauen Betrag nennen müssen, der dann mit Ihren Angaben im Einreiseformular verglichen wird. Heiss wird die Situation dann, wenn sich bei Überprüfung Ihres Reisegepäcks herausstellen sollte, dass Sie mehr Geld als angegeben einführen. Und bei dieser Geldsuche geht man gar nicht zimperlich vor. Bis in die hintersten Winkel durchforstet man Brieftasche, Portemonnaie und Koffer. Auch wenn man nichts zu verbergen hat, ist es einfach eine fast unerträgliche Situation.

Als Niccel im Dezember 1996 zum vierten Mal in diesem Jahr in die USA einreisen wollte – ich begleitete sie auf diesem Flug –, wurde sie vom *immigration officer* aufgefordert, sich zu einem Verhör in ein Büro zu begeben. Dort wurde sie dann eine ganze Stunde lang von fünf Officern ausgefragt, und alles, was sie bei sich trug, wurde einer strengen Kontrolle unterzogen.

In ihrem Kalender hatte sie eingetragen, wann der

berühmte New Yorker Weihnachtsbaum vor dem *Rockefeller Center* illuminiert wird. Auch unsere Tanzstunden-Termine hatte sie fein säuberlich notiert. Es kam den Beamten suspekt vor, dass sich eine Touristin für die Ferienzeit Termine im Kalender einträgt. Sie vermuteten, dass Niccel illegal in New York einer Arbeit nachgeht. Das Verhör wurde immer erbitterter geführt. Ganz schlimm wurde es, als die Beamten in ihrer Handtasche einen Brief an ihre Mutter in Köln fanden, auf den Niccel als Absender meine New Yorker Adresse geschrieben hatte. Sie erklärte den Beamten immer wieder, dass dies die Adresse ihres Freundes sei, bei dem sie während ihres New-York-Aufenthalts wohnen würde.

Eine dreiviertel Stunde war bereits vergangen. Ich hatte keine Gelegenheit, Niccel zu fragen, was eigentlich los sei. Ich konnte nur abwarten und hoffen, dass alles ein gutes Ende nehmen würde. Durch einen offenen Türspalt sah ich sie an einem kleinen Tischchen sitzen, die fünf Officer in voller Montur vor ihr stehend und immer wieder in ihren Taschen herumwühlend.

»Wieviel Geld haben Sie bei sich?«

Niccel zeigte ihnen ihr amerikanisches Bargeld und ihre Kreditkarte und wies darauf hin, dass sie ausserdem von ihrem Freund eingeladen sei.

»Wer ist Ihr Freund?« wollten die Officer wissen.

Durch den Türspalt deutete Niccel auf mich. Es war kurz vor Mitternacht und ich war der Einzige, der noch im Vorraum sass.

»This is your boyfriend?!« war die verdutzte Frage der Beamten.

»Yes.«

»How old is he?«

Nachdem Niccel mein Alter genannt hatte, kam eine der Beamtinnen auf mich zu und sagte mit lauter Stimme:

»Are you the boyfriend of this girl?«

Ich nickte.

Ein Beamter, der wie im Gerichtssaal hinter einem extrem hohen Pult sass, zitierte mich zu sich. Jetzt musste auch ich mich ausweisen, alle meine Kreditkarten vorlegen und einige sehr persönliche Fragen beantworten.

Es war zehn Minuten vor Mitternacht als ich mich wieder setzen durfte. Im kleinen Zimmer nebenan wurde nun das Tagebuch meiner Frau eingehend untersucht. Und sogar ihr persönliches Humorbuch nahmen sie unter die Lupe und wollten wissen, wozu es gut sei.

Plötzlich zeigte mir der Beamte, der mich vorher verhört hatte, drei Finger und sagte »Finished«. Ich verstand nicht, was er damit andeuten wollte.

Ganz bleich und erschöpft verliess Niccel drei Minuten später das Verhörzimmer. Der Beamte rief mich noch einmal zu sich, gab mir meine Papiere zurück und sagte: »Good Night«.

Es war Punkt zwölf Uhr. Mitternacht. Dienstschluss. Wir waren die beiden letzten *Kunden*. In der menschenleeren Gepäckausgabe hatten unsere Koffer zahllose Runden auf dem Förderband gedreht. Der Zollbeamte rief schon von weitem, ob wir unsere Papiere hätten, und liess uns sofort passieren.

Ja, Dienstschluss, das beflügelt auch die Menschen in Amerika. Aber Sie, liebe Leserin, lieber Leser, haben noch nicht Dienstschluss. Sie müssen doch noch weiterlesen, oder?

★ ★ ★ Auf den Spuren von Fred Astaire

Filme mit Fred Astaire, Gene Kelly und Danny Kaye liess ich mir nie entgehen. Es war jedesmal ein Genuss für mich, die Leichtigkeit und Eleganz ihrer Bewegungen zu bewundern, aber auch ihren Einfallsreichtum, ihre Komik und die sprichwörtliche Fröhlichkeit in ihren Choreographien. Sie waren für mich wirkliche Stars.

Oft wünschte ich mir, dass auch ich so tanzen könnte, aber dieser Zug war für mich schon lange abgefahren. Da hätte ich bereits zu Schulzeiten Tanzunterricht nehmen müssen, aber damals beschäftigte ich mich mit einer hölzernen Blockflöte, einem für die Nachbarn nervigen Piccolo und später mit dem sanfteren Flötenspiel.

Als Niccel 1996 zu mir nach New York kam, reizte es uns sehr, einmal im legendären *Rainbow Room* im 65. Stock des *Rockefeller Centers* zur Musik einer grossen amerikanischen Big Band zu tanzen. Da Niccel noch nie einen Tanzkurs besucht hatte und auch ich nach jahrelanger Abstinenz vom Tanzboden nicht mehr ganz so sicher war, wie die genauen Schrittfolgen eines Fox und eines Quickstepp auseinander zu halten sind, beschlossen wir, eine Tanzschule aufzusuchen.

In der *New York Times* stach uns sofort ein Inserat der *Fred Astaire Dance School* ins Auge. Wir statteten dieser Schule einen Besuch ab und waren schnell davon überzeugt, die richtige Schule für Gesellschaftstänze gefunden zu haben.

Drei Paare drehten auf einer grossen Tanzfläche elegant und gekonnt ihre Runden. Es war sehr schön, ihnen dabei zuzuschauen. So weit wollen wir es auch bringen, sagten wir uns verschwörerisch.

Eine Tanzlehrerin wurde uns zugeteilt. Leider war es nicht Ginger Rogers. Unsere Lehrerin trug immer so lange Röcke, dass wir, wenn sie uns die Schritte erklärte, ihre Füsse gar nicht sehen konnten. Auf meinen Wunsch musste sie zwischendurch den Rock etwas hochheben, aber sie blieb stur bei ihrer unvorteilhaften Tanzkleidung.

Es folgte das übliche Schrittezählen: eins, zwei, Schritt nach rechts, drei, vier, Schritt zurück und eins, zwei, Schritt nach links, drei, vier, Schritt nach vorn und ... Wissen Sie, welcher Tanz das jetzt war?

Es gab Tanzstunden, da übte der eine Lehrer mit seinen Schülern Tango, während wir Samba lernten und auf unsere Musik verzichten mussten. Nur durch eisernes Zählen konnten wir uns auf unseren Tanzrhythmus konzentrieren. Das wirkte manchmal richtig surreal: Samba tanzen, dabei immer schön zählen und diametral dazu ertönt aus dem Lautsprecher Tangomusik! Wenn Fred Astaire das gehört hätte!

Nach ein paar Tanzstunden begannen wir mit dem Walzer. Den beherrschte ich schon ziemlich gut und deshalb freute ich mich darauf, mit meiner Niccel schwungvoll über den Boden zu gleiten. Ich führte sie quer über die ganze Tanzfläche, drehte zur Abwechslung auch einmal linksherum und drehte mich mit ihr auf der Stelle schwungvoll im Kreise, die Zentrifugalkraft spürend. Nun griff die Tanzlehrerin energisch ein:

»Ämel«, wie sie mich nannte, »Walzer tanzt man erstens immer mit den anderen Paaren, hintereinander, in einem grossen Kreis, also nie individuell, und zweitens, Ämel, keine Drehungen linksherum! Das gäbe ja sonst laufend Kollisionen mit den anderen Paaren.«

Je mehr Tanzstunden wir genommen hatten, desto steifer wurde ich. Stets musste ich an meine Schritte denken, an die korrekte Haltung der Arme und des Kopfes, und plötzlich begann ich sogar beim Walzer wieder zu zählen, den ich doch bisher immer im Einklang mit der Musik und voller Begeisterung aufs Parkett gelegt hatte.

Am Ende des ersten Tanzkurses wurden wir einer Prüfung unterzogen. Unsere Noten fielen nicht sonderlich gut aus. Man empfahl uns deshalb, sofort einen Folgekurs zu buchen. Nach kurzem Überdenken teilten wir der Tanzschulleitung mit, dass wir auf die Fortsetzung des Tanzkurses verzichten wollten.

»Niccel, du folgst meinen Schritten so gut, du wirst sehen, wenn wir gute Musik haben, ist es überhaupt kein Problem für uns, miteinander zu tanzen.« Davon war ich überzeugt.

Die Schulleitung war hingegen von unserem Entscheid sehr enttäuscht und bemühte sich, uns mit allen Mitteln der Redekunst davon zu überzeugen weiterzumachen. Wir hatten aber längst durchschaut, dass es ihnen dabei nicht um unser besonderes Talent ging, sondern darum, dass die Schule mittlerweile mehr unbeschäftigte Lehrer als Schüler besass. Drei Monate nach unserem Austritt wurde die Schule geschlossen und der vielversprechende Schriftzug *Fred Astaire Dance School* vom Haus entfernt.

Auf der sich drehenden Tanzfläche des *Rainbow Rooms* schwebte im April 1997 ein etwas älterer Herr mit einer jüngeren Dame übers Parkett. Swing war angesagt. Die beiden hatten sichtlich Spass beim Tanzen und strahlten. Man sah ihren Gesichtern an, dass sie beim Tanzen nicht zählen mussten. Sie waren ganz locker und voll im Einklang mit der Musik und kreierten ihre eigenen Formationen. Gleichzeitig drehte sich die Tanzfläche unter ihren Füssen. Rundum sassen viele elegant gekleidete Gäste. Der Blick aus den Fenstern zeigte hunderte von illumnierten Wolkenkratzern: New York *by night.* Eine Stimmung, wie man sie aus vielen Revue-Filmen der 60er-Jahre kennt. Leider wurde der *Rainbow Room* 1997 für die Öffentlichkeit geschlossen.

Wir tanzten noch ein zweites Mal zusammen in New York. Im Kino lief Woody Allen's Film »Everyone says I love you«. Die Filmmusik und die Geschichte gefielen uns sehr gut. Dann kam der Abspann. Ich habe selten so einen langen Filmabspann erlebt. Jeder Handwerker, jeder Fotograf, jeder Kulissenbauer und Musiker wurde aufgeführt. Endlos! Aber die Musik, der Swing, von dem dieser Abspann begleitet wurde, war so gewaltig, dass Niccel und ich es fast nicht mehr in den Kinosesseln aushielten. Noch mehr Namen von Leuten, die in irgendeiner Weise zu dem Film mit beigetragen hatten, erschienen auf der Leinwand. Im Kinosaal war es immer noch dunkel. Wir standen bereits im Korridor, als ich Niccel in den Arm nahm, um mitten im Kino mit ihr zu dieser herrlichen Swingmelodie zu tanzen.

Ach Woody, du hast uns neben dem Film ein paar glückliche Minuten beschert, und ich bin heute noch überrascht, dass ich den Mut aufbrachte, mit Niccel vor all den anderen Kinogästen zu tanzen. Hätte ich das in der Schweiz auch gewagt? Es ist halt manchmal von Vorteil, ein Mister Nobody zu sein.

★ ★ ★ Krrckggsknaxxx & Co

»Emil, ich bin vom 23. bis zum 25. Mai in New York und möchte gern ein Musical besuchen. Könntest du mir zwei Karten besorgen?«

»Ja, welches Musical willst du denn sehen?«

»Du, ich hab keine Ahnung, was zur Zeit so läuft. Einfach ein gutes!«

In der ersten Zeit meines USA-Aufenthalts habe ich solche Wünsche noch erfüllt, habe mich morgens auf die Beine gemacht und direkt im Theater die Karten besorgt. Aber mit der Zeit habe ich mir das abgewöhnt: Die Geschmäcker sind einfach zu verschieden. Wenn nämlich am Tag nach dem Musicalbesuch kein Anruf kam und so ein Dank oder ein begeistertes Echo ausblieb, wusste ich, dass ich das falsche Musical ausgewählt hatte.

Wenn zwei Menschen mit einer riesigen Erwartungshaltung in New York zum ersten Mal in ein Musical gehen, dann ist die Enttäuschung doppelt gross, wenn man für sie das falsche Musical ausgewählt hat. Ich wollte mir nicht mehr zumuten, dass ich daran Schuld sein sollte.

Natürlich gab es mehrere Musicals, die mich hell begeisterten. Zur Zeit läuft »Fosse«, das zwar keine richtige Story beinhaltet, sondern eine Zusammenstellung guter Musik und verrückt schöner choreographischer Szenen des berühmten Regisseurs und Choreographen Bob Fosse zeigt. Aber eben, ich möchte Sie gar nicht dazu verführen, dass Sie sich jetzt ausgerechnet dieses Musical anschauen. Nein, das ist vermutlich gar nicht das, was Sie suchen. Die

Musik ist zwar fantastisch, fetzige Swingmusik, aber das mögen Sie vermutlich sowieso nicht, oder? Und dann erst noch diese ewigen Tänze, nein, wahrscheinlich viel zu abgehoben für Sie. Lassen Sie es lieber sein! Es gibt auch sicher gar keine Karten mehr. Es wäre ja schade, wenn Sie sich dann am Ticket-Schalter umsonst die Beine in den Bauch stehen würden. Wollen Sie's trotzdem versuchen? Na gut, Sie haben's nicht anders gewollt, aber ohne meine Verantwortung bitte!

Haben sie auch »Titanic« gesehen? Nein, nicht den Film, das Musical. Also, wenn Sie mich da hingeschickt hätten, dann hätte ich Sie aber am nächsten Morgen auch nicht gerade enthusiastisch angerufen.

Dabei war ich so gespannt, wie man die Kollision mit dem Eisberg inszenieren würde:

Ein Matrose klettert nachts auf einen Mast, um nach Eisbergen Ausschau zu halten. Plötzlich schreit er laut: »Icebeeerg!!!« Im gleichen Moment wird es stockdunkel auf der Bühne, und man hört nur noch ab Tonband ein lautes Gekrose und Geknirsche: »Krrckggsknaxxx!« Der Vorhang fällt, es gibt Licht im Theater – 20 Minuten Pause!

Können Sie sich meine Enttäuschung vorstellen? Und das bei einem Musical, in das die Produzenten allein bis zur Premiere ganze 10 Millionen Dollar investiert haben!

Auch in Deutschland ist ja eine Musicalwelle ausgebrochen. Manche davon haben grossen Erfolg, andere fallen einfach durch, so zum Beispiel das Musical »Rent«, das in New York und London ein grosser Renner war. Für mich kein Wunder, denn man hatte dieses Musical in Deutschland als ein »Aids-Musical« angekündigt und beworben. So ähnlich erging es auch »Thommy«, einem wahnsinnig temporeichen Musical. In Deutschland hiess es in den Vorankündigungen: »Die Geschichte eines autistischen Kindes«. Das tönte so problembeladen und traurig. Dabei sind die Geschichten in diesen Musicals so raffiniert dargestellt und verpackt, dass man trotz der teils tragischen Thematik gut unterhalten wird.

Noch ein kleiner Tipp in Sachen Theaterbesuch: Versuchen Sie, wenn möglich, immer einen *orchestra seat* – also einen Platz im Parkett – zu bekommen. Sie erleben so einfach die Vorstellung viel unmittelbarer und intensiver mit, als wenn Sie von weit oben herab auf dem Balkon das Geschehen mitverfolgen müssen. Nur nicht am falschen Ort sparen!

Und erschrecken Sie nicht, wenn Sie nach einer gelungenen Vorstellung begeistert applaudieren wollen, nach dem zweiten oder dritten Vorhang aber schon der Applaus aufhört, der Vorhang geschlossen bleibt und die Zuschauer zu den Ausgängen drängen.

Es heisst, die Gewerkschaften würden dafür sorgen, dass die Vorstellungsdauer nicht durch endlose Vorhänge überzogen wird, da viele der Darsteller nach der Performance noch eine lange U-Bahn-Fahrt vor sich hätten.

Da ging es mir besser. Ich erreichte mein Zuhause zu Fuss in zehn Minuten und konnte unterdessen überlegen, wen ich morgen anrufen sollte, um ihm das Musical *wärmstens* zu empfehlen.

Was ich noch sagen wollte:

Ich würde Ihnen auch noch gern über eine Wagner-Aufführung in der *Metropolitan Opera* berichten und über ein einmaliges Gershwin-Konzert in der *Carnegie Hall*, über einen Krimi in einer alten Kaserne und das Theaterstück »Kunst«, über das Stück »Maria Callas« und das Musical »The Fantasticks«, das seit über 25 Jahren läuft, über das *Whitney Museum* und eine Begegnung mit dem Maler Roy Lichtenstein, über das Atelier von Jackson Pollock und … und … und …, aber ich darf nicht, denn der Drucker wartet schon sehnlichst auf mein Manuskript.

Am besten, Sie gehen gleich selbst nach New York. So ein Büchlein kann ja sowieso kein Ersatz für ein Live-Erlebnis sein.

★ ★ ★ Hut auf!

Am Ostersonntag war ich sehr überrascht, als ich gegen Mittag aus meiner Wohnung auf die *Fifth Avenue* hinunterguckte. Die ganze Strasse war für den Verkehr gesperrt, und es hatte sich eine grosse Menschenansammlung gebildet. Sofort fuhr ich mit dem Aufzug die 26 Stockwerke hinunter, um nachzuschauen, was da los war. Kaum hatte ich die Strasse betreten, befand ich mich auch schon inmitten einer unübersichtlichen Menge von Passanten.

Nein, es waren keine Osterhasen, die mir da begegneten. Es waren Hüte. Fast alle Frauen trugen Hüte. Auch die Männer trugen Hüte. Aber es handelte sich bei diesen Hüten nicht um alltägliche Modelle, sondern um ganz ausgefallene Kreationen und Hutkonstruktionen. Manche waren überdimensional gross, drei- und sogar vierstöckig. Sie trugen witzige, freche Sujets und waren belebt von Mäusen, Hasen, Hamstern und Riesenechsen, die gemütlich auf den Hutrrändern herumspazierten. Einige Hüte beherbergten ganze Blumengärten. Es gab auch Hüte in Form von kleinen Häusern oder Teekannen. Dann sah man wieder ganz hochelegante Créationen, die auf den Köpfen von ebenso eleganten und exotisch gekleideten Frauen sassen. Es war eine ganz überraschende, sensationelle Modenschau, mitten auf der *Fifth Avenue*, zwischen der 44. und der 57. Strasse. Ich ärgerte mich grausam, dass ich den Fotoapparat nicht bei mir hatte, dachte aber, dass die Leute es wahrscheinlich sowieso nicht gern hätten, von fremden Menschen fotografiert zu werden. Doch ganz im Gegenteil, sie blieben immer wieder stehen, stellten sich in Pose und liessen sich bereitwillig fotografieren. Es machte ihnen ganz offensichtlich Spass! Natürlich waren auch Kinder, fein herausgeputzt und schön *behütet*, mit von der Partie.

Mir bewies dieser Osterbrauch wieder einmal, welch ein herrliches Kleidungsstück so ein Hut ist. Schade eigentlich, dass nicht mehr Frauen den Mut besitzen, Hüte zu tragen, denn sie stehen ihnen so gut. Oder sind vielleicht wir Männer daran schuld, weil wir es nicht ertragen können, neben einer eleganten Dame mit Hut her zu gehen, die ständig bewundernde Blicke erntet? Ich kann nur sagen: »Eine Frau mit Hut, tut jedem Strassenbild gut.«

Es ist natürlich einfach, von Frauen mit Hut zu schwärmen, ohne daran zu denken, wie umständlich oder unpraktisch so eine Kopfbedeckung auch sein kann, zum Beispiel, wenn der Hut eine kunstvoll frisierte Haarpracht gnadenlos zerdrückt.

Ich selber trage prinzipiell keinen Hut. Als jedoch einmal im New Yorker Winter die Temperaturen ganz gewaltig unter die Null-Grad-Grenze sanken – 26 Grad minus! – und mir der noch einige Grade kältere Wind um die Ohren pfiff, kaufte auch ich mir eine Dächlikappe. Und obwohl ich es bisher immer doof gefunden hatte, wenn Jungs diese Mützen so trugen, dass das Schild nach hinten zeigte, habe ich mir das sehr schnell angewöhnt. Kaum hatte ich nämlich meine neue Mütze aufgesetzt, flog sie auch schon im hohen Bogen davon, weil ein starker Windstoss sie erfasst hatte, und landete mitten auf der Strasse. Ich konnte sie aber jetzt nicht ständig festhalten, und das noch ohne Handschuhe!

Also schob ich – wupps! – das Schild, das dem Wind die Angriffsfläche geboten hatte, in den Nacken, und schon war das Problem gelöst.

Als ich mich ein paar Häuser weiter in einem Schaufenster spiegelte, fand ich allerdings, dass ich mit dieser Mütze ziemlich bescheuert aussah.

Ein deutscher Modefachmann gestand mir, dass New York für ihn die erotischste Stadt der Welt sei. Nicht etwa wegen des Nachtlebens, sondern allein wegen des Strassenbildes. Ob er auch mich mit meiner verkehrt herum getragenen Mütze in sein Urteil mit einbezogen hatte?

★ ★ ★ Der Marathon-Mann

Ich weiss schon, Sie wissen über den New Yorker Marathon Bescheid. Die Strecke ist 42,195 Kilometer lang und führt von der *Verrazzano Bridge* in Staten Island zum *Central Park*. Über 30 000 Teilnehmer aus der ganzen Welt sind jeweils anwesend, und die Polizei muss wieder ihre 15 000 »No parking«-Tafeln aufstellen. Wissen Sie aber auch, dass bei diesem Marathon jedes Jahr zwei Millionen Pappbecher verbraucht, 9000 Rosen verteilt und 140 000 Sicherheitsnadeln benötigt werden?

Doch genug der Zahlen. Was mich viel mehr interessierte war, was mit diesen 30 000 Läufern und Läuferinnen vor dem Start geschieht. Jeder von ihnen hat sicher zusätzlich zur Rennkleidung – Leibchen und Turnhose – am Start noch eine Trainingsjacke und eine lange Hose bei sich, um seine Muskeln im oft kalten November warm zu halten. Aber vor dem Start muss man sich doch dieser überflüssigen Kleider entledigen. Wirft man sie dann einfach an den Strassenrand? Werden sie vielleicht eingesammelt, nummeriert und zum Ziel gebracht? Oder behält man sie während der 42 Kilometer bis ins Ziel bei sich, indem man sie immer wieder von der einen Hand in die andere wechselt, sie über die Schulter hängt und dann wieder um den Bauch bindet? Nein, das geht alles nicht. Die richtige Antwort auf diese Frage gab mir ein Läufer: Bevor für die 30 000 Beteiligten das Startzeichen gegeben wird, werfen alle ihre überflüssigen Kleider hinter sich, von wo aus sie immer weiter nach hinten befördert werden. Und ganz am Ende warten schon

Menschen darauf, sich mit diesen Pullovern, Hosen, Jacken und Shirts neu einzudecken. Nein, das ist kein Diebstahl, sondern es ist absichtlich so organisiert, und die Leute, die diese Kleidungsstücke mitnehmen dürfen, sind ausgewählte New Yorker aus ärmeren Verhältnissen.

Auf so eine Lösung wäre ich von selbst nie gekommen.

Am Ziel erhalten dann alle Beteiligten eine Wolldecke, die ebenso wichtig ist wie die wärmenden Kleidungsstücke vor dem Start.

Ja, dann wäre da aber noch das Problem des Wasserlassens kurz vor dem Start. Ein nachvollziehbares Bedürfnis, will man doch nicht, wenn man voll im Schuss ist, irgendwo eine Toilette aufsuchen müssen. Viel zu grosser Zeitverlust! Für die Männer hat man beim Start ein längs aufgeschnittenes Ablaufrohr von über hundert Metern Länge so hingelegt, dass ein leichtes Gefälle entsteht und das *Wasser* automatisch in Richtung Auffangbecken fliesst. Natürlich ist mit zusätzlichen 600 mobilen Toiletten auch für die Bedürfnisse der Läuferinnen gesorgt.

Ein Bekannter hatte mir schon lange im Voraus immer und immer wieder erzählt, dass er beim nächsten Marathon dabei sein werde, wie er täglich dafür trainiere, was er esse und dass er seine Brustwarzen mit Heftpflaster abdecken wolle, damit sie vom T-Shirt nicht wundgescheuert werden. Ich war froh, als er endlich an den Start ging, denn ich konnte seine Geschichten schon auswendig.

Er instruierte seine Frau und seine beiden Kinder minutiös, wo genau am Strassenrand und auf welcher

Seite sie warten sollten, damit er ihnen beim Vorbeilaufen zuwinken könne. Mit anderen Worten, er wollte voller Stolz zeigen, dass auch er als Familienvater mit den durchtrainierten Sportlern mithalten kann, die so eine Gewaltsleistung durchstehen.

Auf den letzten 10 Kilometern war er dann aber so erschöpft, dass ihm sogar das anfeuernde, laute »Go! Go!«-Geschrei der Zuschauer furchtbar auf die Nerven ging. Plötzlich realisierte er auch, dass er vor lauter Laufproblemen ganz vergessen hatte, wie abgemacht, seine Familie zu grüssen. Das konnte er seinen Kindern nicht antun. Er beschloss, sofort umzukehren und zum vereinbarten Punkt zurückzulaufen. Jetzt wurden die Rufe der Zuschauer noch unerträglicher:

»Wrong direction!« riefen sie ihm immer wieder zu.

Er gelangte an einen moralischen Tiefpunkt, erreichte aber seine Familie am abgemachten Ort. Herzliche Umarmung, Kuss auf die Wange und schon lief er wieder in Richtung Ziel, in einem Tempo, das wenig imponierend war.

Ein Foto von ihm als Marathonläufer, golden gerahmt, steht seither unübersehbar in seiner Wohnung auf der Kommode. Wenn Gäste da sind, wartet er jeweils voller Ungeduld auf das Stichwort »Marathon«, damit er in aller Ausführlichkeit von seiner einzigartigen Leistung berichten kann und vom einzigen Marathonläufer der Welt, der den Lauf auf 50 Kilometer verlängerte!

⋆ ⋆ ⋆ Emil geniesst das Leben

»Man sagt, Sie geniessen jetzt das Leben.« Den Satz hörte ich oft als allererstes, wenn ich mich mit jemandem zum Interview traf. Was sollte ich darauf erwidern? Dementieren, klarstellen, versuchen zu schildern, was eigentlich alles läuft? Es wäre viel zu kompliziert geworden, alle meine Tätigkeiten in New York aufzuzählen und zu beschreiben, also liess ich die Leute lieber im Glauben, dass ich nun mein Leben in vollen Zügen genösse.

Wenn die gewusst hätten, dass ich von Jahr zu Jahr immer mehr nur noch in meinem Büro sass, um von aussen herangetragene Wünsche zu erfüllen und Aufträge zu erledigen! Wahrscheinlich hatte sich meine Faxnummer mittlerweile ziemlich weit herumgesprochen, denn es trafen von Tag zu Tag mehr Anfragen bei mir ein, und ich war froh, dass Niccel gewaltig mithalf, der Papierflut Herr zu werden.

Manchmal stimmte es uns richtig traurig, dass wir die Tage nur noch in unseren vier Wänden verbrachten und das ganze New Yorker Leben unbeachtet an uns vorbeizog.

Wahrscheinlich, liebe Leserin, lieber Leser, können auch Sie sich kein rechtes Bild von meiner New Yorker Arbeitssituation machen, es sei denn, Sie würden einmal lesen, was allein im Monat Januar des Jahres 1997 an Wünschen und Ideen an mich herangetragen wurde:

3. 1. 97: *Ich soll Gast in der Reisesendung »Takita« vom Schweizer Fernsehen sein.*

6. 1. 97: *Ich soll einen Artikel darüber schreiben, wie ich heute die Schweiz aus der Optik eines Touristen sehe.*

7. 1. 97: *Ich soll zusammen mit der Pharma-Industrie eine Gesundheits-CD machen.*

8. 1. 97: *Eine Schweizer Zeitung möchte einen Bericht über meine Freundin Niccel schreiben.*

9. 1. 97: *Ich soll das Vorwort für das Programmheft des Schweizer Nationalcircus schreiben.*

10. 1. 97: *Ich soll Schweizer, die in den USA leben, für das Schweizer Fernsehen interviewen.*

13. 1. 97: *Eine Zürcher Produktionsfirma möchte, dass ich für sie die schlechtesten amerikanischen TV-Spots präsentiere und persifliere.*

14. 1. 97: *Für eine welsche Zeitung soll ich Gedanken über die »Heilkraft des Lachens« notieren.*

15. 1. 97: *Einer deutschen Zeitschrift soll ich schreiben, warum ich in New York lebe, und gleich noch ein Foto beilegen.*

16. 1. 97: *Der »Zischtigs-Club«, eine Sendung des Schweizer Fernsehens, möchte, dass ich mich an einem Gespräch über das Image der Schweiz im Ausland beteilige.*

17. 1. 97: *Eine Schweizer Edition für zeitgenössische Kunst möchte eine Graphik-Edition oder eine Ausstellung mit Zeichnungen von mir machen.*

19. 1. 97: *Ich soll an einer Hörfunksendung des WDR teilnehmen, in der es um die sprichwörtliche Langsamkeit im Gespräch mit Schweizern geht.*

20. 1. 97: *Ich werde angefragt, ob ich in der amerikanischen Serie »The Guiding Light« einen Schweizer Arzt spielen wolle.*

21. 1. 97: *Eine Deutsche Werbeagentur fragt, ob ich für sie Werbespots für eine Auto-Versicherung machen könnte.*

21. 1. 97: *Cinéprix möchte mich als Gast-Moderator, damit ich in New York einen Preis an Tim Robbins übergeben kann – mit einer Live-Schaltung in die Schweiz.*

21. 1. 97: *Ich soll an einem Gespräch mit Eugen Drewermann über den Sinn des Lebens teilnehmen.*

23. 1. 97: *Ein Schweizer Verlag möchte ein altes Emil-Buch von mir überarbeiten lassen und neu auflegen.*

24. 1. 97: *Für eine SAT1-Show soll ich an der Ostküste Amerikas unter dem Titel »Stay tuned with Emil« als Moderator arbeiten.*

25. 1. 97: *Das Schweizer Fernsehen möchte ein hundertminütiges Emil-Special über mein Leben in New York machen.*

27. 1. 97: *Stern-TV will mich zu Gast in der Sendung haben.*

30. 1. 97: *Eine Agentur möchte in Deutschland eine zweijährige Comeback-Tour für mich organisieren.*

Das waren nur die *wichtigsten* Anfragen, die innerhalb eines Monats reinkamen. Und so ging es das ganze Jahr weiter. Ich spürte keinen Unterschied mehr zwischen meiner Arbeitssituation vor ein paar Jahren in der Schweiz und meiner jetzigen Büroarbeit, 6000 Kilometer von der Schweiz entfernt.

Ganz unerwartet trat dann aber eine Änderung ein. Der Eigentümer meines Büros im *Olympic Tower* teilte mir mit, dass er den Raum verkaufen wolle. Schlagartig war ich vor eine neue Situation gestellt. In meiner Wohnung war kein Platz für das Büro. Sollte ich mir jetzt ein neues *office* ausserhalb des Hauses suchen? Oder gleich eine grössere Wohnung? Aus dem schönen *Olympic Tower* ausziehen?

All diese Fragen konnten wir so schnell nicht beantworten. Aber wir mussten einen Entscheid fällen. Im Haus zeigte man uns laufend andere Wohnungen, die zum Verkauf standen. Herrliche, sogar traumhaft schöne Appartements im 40. Stock und höher, mit sensationeller Aussicht über ganz Manhattan. Aber das war nicht sehr realistisch. Ganz einfach viel zu teuer. Wir kündigten also auch die Wohnung und wussten, dass wir somit ab Dezember auf der Strasse stehen würden. So verstauten wir alle unsere Möbel in einem Lagerhaus in Manhattan und zogen mit dem nötigsten Gepäck vorübergehend nach Europa.

Den Winter verbrachten wir in Südfrankreich, wo wir ungestört und konzentriert an unseren zwei Buchprojekten arbeiten konnten: »Wahre Lügengeschichten« und Niccel's »ich bin fröhlich«.

Habe ich geschrieben, *vorübergehend*? Wie Sie sehen, ist daraus ein sehr langes »Vorübergehend« geworden. Und dass wir wieder fleissig waren und noch keine Zeit dazu hatten, das Leben einfach nur zu geniessen, erkennen Sie daran, dass Sie gerade unser drittes verwirklichtes Buchprojekt in den Händen halten.

Es hat also gar keinen Sinn vor der Arbeit zu flüchten. Schneller als man denkt, holt sie einen doch immer wieder ein. Oder kennen Sie vielleicht ein Geheimrezept?

★ ★ ★ Eine unendliche Geschichte

»Emil, wenn du Postbeamter werden willst, dann ist Italienisch für dich viel wichtiger als die englische Sprache.«

Das sagte mein Lehrer zu mir, als ich 1950 in die *Zentralschweizerische Verkehrs- und Handelsschule* in Luzern eintrat. Er erklärte, dass ich beim Ausüben des Schalterdienstes viel mehr mit italienischen Gastarbeitern zu tun hätte, die jeden Monat ihr schwerverdientes Geld nach Hause überwiesen, als mit englischsprechenden Touristen.

Wenn ab und zu amerikanische oder englische Touristen Briefmarken bei mir kaufen wollten, war ich natürlich in der Lage, auf Englisch mitzuteilen, wie teuer das Porto ist, wollten sie aber mehr von mir wissen, musste ich sie an den Kollegen vom Nebenschalter verweisen, der auf beneidenswerte Art englisch kommunzieren konnte, und zwar so laut und selbstsicher, dass es in der ganzen Schalterhalle zu hören war.

Obwohl ich kein Englisch sprach, liebte ich diese Sprache sehr. Zu Hause hörte ich oft den amerikanischen Sender *AFN* aus Stuttgart, nur weil mir der Sound der amerikanischen Sprache so imponierte – ich hatte aber nie eine Ahnung, wovon gerade die Rede war. Irgendwann, sagte ich mir, irgendwann in meinem Leben werde ich es auch noch schaffen, auf Englisch mitreden zu können. Ein schöner Vorsatz, dessen Realisierung aber gar nicht so einfach war. Durch meine kabarettistischen Auftritte, die mich ständig auf Reisen schickten, konnte ich nie regelmässig über ein Jahr hinweg einen Sprachkurs besuchen.

Ich startete trotzdem immer wieder kleine Versuche, die aber nicht viel brachten.

Eines Tages erfuhr ich von einem Kurs, der auf der Suggestopädie-Technik basierte: automatisch Englisch lernen, fast wie im Schlaf und ohne lästiges Vokabel- und Grammatikbüffeln. Das war genau das Richtige für mich.

Es wurde ein sehr abwechslungsreicher Kurs. Zunächst mussten sich alle Schüler eine neue Identität zulegen, indem sie sich einen Namen aus Sport, Kultur oder Showbusiness aussuchten. Ohne lang zu überlegen, nannte ich mich *Churchill.* Wir hatten auch einen Elvis, eine Monroe und einen Armstrong in der Klasse! 30 Tage lang verbrachten wir, alle Anfänger, jeden Nachmittag von drei bis abends um neun Uhr miteinander.

Für einen Sprachunterricht fing es gleich traumhaft an. Wir sollten uns in Liegestühle legen, die Augen schliessen und den Text, den die Lehrerin uns vorlas, einfach auf uns einwirken lassen. Welcher Schüler träumt nicht von so einem Unterricht! An jedem dieser 30 Tage begegnete uns die Kursleiterin in einem anderen Outfit. Sie hatte eine grosse Vielfalt an phantasievollen Unterrichtsmethoden in ihrem Repertoire. Wenn doch den Kindern in den Schulen nur annähernd so ein kurzweiliger und freudvoller Unterricht geboten würde!

Einmal verlangte unsere Lehrerin von uns, dass jeder Schüler am nächsten Tag drei Franken zwanzig mitbringen sollte. Während der Unterrichtsstunde musste dann ein Schüler nach dem anderen das Klassenzimmer verlassen. Draussen hing ein grosser Zettel: »Geh eine Etage tiefer und wirf 3.20 Franken in den

Telefonapparat!« Am Telefon klebte ein Zettel, auf dem die Nummer notiert war, bei der man anrufen sollte.

Sorgfältig wählte ich die lange Auslandsnummer. Und wer hob am anderen Ende des Drahtes den Hörer ab? Eine ältere Dame aus England, die nur Englisch sprach und sich als Mutter meiner Lehrerin vorstellte. Als Schüler hatte ich nun zum ersten Mal Gelegenheit oder eher die Pflicht, während drei Minuten englische Konversation mit ihr zu führen – und das ganz ohne Vorwarnung! Mehr als ein Small Talk lag natürlich nicht drin. Die Mutter teilte später ihrer Tochter mit, wie jeder Einzelne von uns die Situation am Telefon gemeistert hatte.

Ein anderes Mal erhielt jeder Schüler einen Stadtplan von London, auf dem eingezeichnet war, wo Monroe, Elvis, Churchill und die anderen gerade standen. Dann beschrieb die Lehrerin, natürlich auf Englisch, einen Weg, den wir auf dem Stadtplan nachvollziehen sollten. Am Schluss musste jeder mitteilen, wo er sich nach diesem imaginären Fussmarsch befand. Natürlich waren wir alle in anderen Quartieren gelandet. Wir hatten also noch viel zu lernen.

An einem anderen Kurstag verliessen wir das Klassenzimmer, um auswärts zu essen. Ansichtskarten von Luzern wurden verteilt. Nun mussten wir alle eine Postkarte beschriften und Grüsse nach England schicken. Das tägliche gemeinsame Abendessen bot reichlich Gesprächsstoff: Themen wie Nahrung, Essen, Restaurantbesuche usw. wurden behandelt. Zum Abschluss jedes Kurstages legten wir uns dann noch einmal in den Liegestuhl. Viele waren zu diesem Zeitpunkt so müde, dass sie gleich einschliefen.

Ungefähr drei Jahre später machte ich einen erneuten Anlauf, Englisch zu lernen: Vier Wochen Intensivkurs in London waren angesagt. Ich hatte mich wieder als Anfänger eingetragen.

Als man uns am ersten Tag in Klassen einteilte – die Schüler kamen vor allem aus Deutschland und der Schweiz –, ging ein Raunen und Tuscheln durch den Raum und immer wieder trafen mich Blicke von allen Seiten. Die anderen Schüler hatten mich als *Emil* erkannt, und mir wurde klar, dass sie mich von nun an mit Argusaugen beobachten würden. Das war mir schon etwas unangenehm. Konnte ich mir als vierzigjähriger Klassenältester jetzt noch Fehler oder einen fürchterlichen Akzent erlauben? Sie würden immer gleich lachen, weil es in ihren Ohren sofort nach *Emil* klänge.

Ab und zu schwänzten die anderen Schüler den Unterricht und genossen London, nur ich paukte sehr diszipliniert – mit einer kleinen Ausnahme.

Eines Tages ging ich in der Mittagspause ins Zentrum von London und entdeckte dort das Warenhaus *BIBA*. Die Schaufenster waren ungewöhnlich ausgestattet mit grossen Sofas und bequemen Stühlen, die für die Kundschaft bestimmt waren. Innen war das ganze Warenhaus sehr dunkel gehalten: dunkelbraune Wände und Möbel. Die unzähligen Scheinwerfer hatten ein leichtes Spiel, ausgewählte Gegenstände ins Rampenlicht zu setzen. In der Kosmetikabteilung waren die Spots auf hunderte von Lippenstiften und Make-up-Dosen gerichtet, was ein herrliches Farbenspektakel ergab. Und so war jede Abteilung lichttechnisch sensationell inszeniert. Ich konnte mich gar nicht satt daran sehen. Dazu kamen dann noch die Verkäuferinnen: Jede sah aus wie ein Model. Auch sie wussten sich in Szene zu setzen, und dies nicht nur in der Make-up- und Parfümerieabteilung! In der Möbelabteilung lag zum Beispiel eine Frau auf einem Musterbett. War sie nun echt oder war es nur eine Puppe? Sie war echt! Auch bei den Gegenständen, die zum Verkauf angeboten wurden, handelte es sich um ganz gezielt ausgesuchte Objekte: nicht rein luxuriöse, sondern eher originelle Design-Produkte – absolut keine Massenware. Im obersten Stock des Kaufhauses befand sich ein grosses Café. Auf einer schneeweissen Bühne stand ein weisser Flügel, an dem eine Pianistin und Sängerin im schneeweissen, langen Kleid musizierte. Bedient wurde man von Personal, das man sonst nur auf Laufstegen sieht. Mitten in London hatte ich im wahrsten Sinne des Wortes ein Einkaufsparadies entdeckt. Ich lief immer wieder von einem Stockwerk zum anderen und kaufte mir schliesslich zwei Kissen, die ich heute noch besitze.

So vergass ich total die Zeit und schwänzte zum ersten Mal den Unterricht. Die Lehrerin hielt mir eine richtige Moralpredigt. Ich hätte in meinem Alter die Verpflichtung, als gutes Beispiel voranzugehen, sonst würden die anderen Schüler auch alle dem Unterricht fernbleiben. Ich zeigte Verständnis. Und trotzdem war ich froh, in London dieses einmalige Kaufhaus, *BIBA*, entdeckt zu haben. Bereits drei Jahre später gab es das Haus nicht mehr. Konkurs. Es hiess, dass alle Leute nur noch gekommen wären, um zu staunen, und darüber ganz vergessen hätten, auch etwas zu kaufen. Ausserdem hätten sich die Verkäuferinnen wie kleine Stars gefühlt und waren, was Beratung und den nötigen Einsatz anging, absolut ungenügend. Es war zu schön, um wahr zu sein! Schade.

Nach einem Monat Intensivkurs hatte ich zum ersten Mal das Gefühl, dass sich bei mir die Basiskenntnisse langsam etwas verfestigten. Zufrieden war ich aber nicht, denn die Sprechhemmungen waren immer noch da und einen roten Kopf bekam ich auch jedesmal, wenn ich mich unverhofft in englischer Sprache äussern musste. Trotzdem nutzte ich die Gelegenheit, den Taxifahrer auf der Fahrt zum Flughafen anzusprechen. Es sollte ein kleiner Abschlusstest sein. Er liess sich gern auf ein Gespräch mit mir ein und redete ohne Unterlass. Ich verstand keinen einzigen Satz. Entweder waren daran die fehlenden Zähne in seinem Mund schuld, oder er sprach Cockney-Englisch.

Fünfzehn Jahre später erzählte ich einem Luzerner Geschäftsmann, dass ich traurig darüber sei, in Sachen Englisch immer noch als Anfänger zu gelten, denn seit London hatte ich keine Fortschritte mehr gemacht. Ich wollte nun endlich ohne Schwierigkeiten eine englische Konversation führen können.

»Nichts einfacher als das«, sagte der Unternehmer. »Ich habe in Los Angeles eine Firma für Film-Untertitelungen. Da können Sie ruhig mal ein oder zwei Monate hingehen. Das heisst, ich würde dafür sorgen, dass Sie in einer amerikanischen Familie untergebracht sind, damit Sie die Zeit optimal nutzen können.«

Ich war total überrascht und sehr erfreut über dieses spontane Angebot, und vier Monate später flog ich auch schon nach Californien.

Am Flughafen wurde ich nicht, wie versprochen,

von der amerikanischen Familie abgeholt, sondern vom Geschäftsführer der Filmuntertitelungs-Firma. Dreimal dürfen Sie raten, welche Nationalität er hatte. Richtig, er war Schweizer, und wir unterhielten uns von der ersten Minute an in Schweizerdeutsch. Er richtete mir Grüsse von seinem Boss aus und sagte, dass er leider keine amerikanische Familie für mich gefunden hätte, und ich vorerst bei ihm und seiner Familie ein Zimmer beziehen sollte. Sie könnten ja auch auf Englisch mit mir reden. Auch seine Frau war Schweizerin. Mit ihrem dreijährigen Sohn habe ich einmal Circus gespielt, und von da an wollte er zu jeder Tageszeit, und das nicht nur werktags, Circus mit mir spielen. Er wartete jeden Tag sehnsüchtig darauf, dass ich von der Arbeit nach Hause kam.

Wenn ich hier das Wort *Arbeit* benütze, muss ich direkt lachen. Im Betrieb hatte ich die Aufgabe, fertig untertitelte Filmrollen zurückzuspulen. Mein Arbeitsplatz befand sich in einer Zimmerecke. Ich war den ganzen Tag allein im Raum. Nur morgens zur Kaffeepause traf ich die anderen Mitarbeiter. Ideale Bedingungen, um eine Sprache zu lernen!

Meine Gastfamilie ging abends immer früh zu Bett. Jeden Abend wurde die Alarmanlage eingeschaltet. Ich besass keinen eigenen Haustürschlüssel und den Geheimcode kannte ich auch nicht. So war ich gezwungen, zu Hause zu bleiben.

»He, Steinberger«, sagte ich mir eines Abends, allein im Zimmer sitzend, »spinnst du eigentlich?! Bist mitten in Los Angeles und musst jeden Abend um neun ins Bett!« Ich kam mir mit meinen 55 Jahren vor wie ein 17-jähriges Au-Pair-Mädchen.

quartierte mich in einem idyllischen Hotel mit Swimmingpool ein.

Der Mann an der Hotel-Réception freute sich, dass er jetzt jeden Tag französisch mit mir sprechen konnte. Er hatte sieben Jahre lang Schulfranzösisch gelernt und sonst nie Gelegenheit, seine Kenntnisse anzuwenden.

Die *Berlitz School* setzte gleich drei Lehrerinnen auf mich an. Mehr als ein Intensivkurs! Von morgens um neun bis mittags um zwei Uhr war ich der einzige Schüler. Ich traute meinen Augen nicht, als die erste Lehrerin mir gegenüber Platz nahm. Sie sah aus wie ein Double von Anna Nicole Smith. Von Beruf war sie Schauspielerin. Nach zwei Lektionen kam dann die nächste Lehrerin. Sie war Bildhauerin und hatte ein dementsprechend schön geschnittenes Gesicht. Die dritte Lehrerin, die jüngste von allen, war Sängerin. Wenn so ein Trio keine Motivation zum Büffeln sein soll! Ich wollte mir natürlich keine Blössen geben. Es machte richtig Spass zu lernen.

Meine Lehrerinnen wussten nicht, dass ich ein erfolgreicher Kabarettist war. Sie staunten immer nur, dass sie mit mir über alle ihre Themen diskutieren konnten: Bühne, Film, Musik und Kunst.

Eines Tages schrieb sich dann ein Mann aus Österreich für einen Kurs ein. Auf dem Stundenplan muss er wohl meinen Namen gelesen und nachgefragt haben, ob ich Schweizer sei. Als am nächsten Tag die Smith-Lehrerin zum Unterricht kam, lächelte sie mich an und bat mich, sie nun endlich über meine Person aufzuklären. Das ergab eine ganze Seite neuer Vokabeln, die ich mir als Hausaufgabe bis zum nächsten Morgen einprägen musste.

1993, fünf Jahre später, meldete ich mich in New York wieder in einer Schule an. Waren die Lehrerinnen in Beverly Hills farbig und fröhlich zum Unterricht erschienen, so strahlte das New Yorker Lehrpersonal eher eine gewisse Traurigkeit aus. Meine Lehrer waren politisch unzufriedene Menschen, die versuchten, mir als Schweizer die Missstände ihres Landes aufzuzeigen. Ständig gab es Lehrerwechsel. Hatte ich Hausaufgaben für den nächsten Tag bekommen, und sie natürlich pflichtbewusst gemacht, so stand am folgenden Tag ein ganz anderer Lehrer vor mir, der von den Aufgaben nichts wissen wollte. Später habe ich erfahren, dass diese Sprachlehrer immer erst am Abend vorher telefonisch mitgeteilt bekommen, ob sie am folgenden Tag benötigt werden. Ich vernahm auch, dass die Lehrer, trotz der sehr teuer bezahlten Einzelstunden, ganz wenig verdienten. Sie taten mir richtig leid.

In New York Englisch zu lernen ist gar nicht so einfach. Wie in keiner anderen amerikanischen Stadt leben hier so viele Nationen zusammen – sicher mehr als hundert –, und alle von ihnen lassen in ihr Amerikanisch noch den Akzent ihrer Muttersprache mit einfliessen, sodass man nur selten wirklich gutes, perfektes Amerikanisch zu hören bekommt.

Wenn hingegen Hillary Clinton am Fernsehen sprach, schwebte ich immer im Siebten Himmel. Sie hat so eine klare Aussprache und weiss ihre Sätze so herrlich zu artikulieren. Ihr zuzuhören machte mich immer glücklich. Ansonsten war ich vorm Fernseher eher unglücklich, denn wenn ich mir Comedy Shows und Unterhaltungsserien anschaute, verstand ich nur wenig und es tat mir jedes Mal weh, dass ich die Gags nicht verstand. Das Publikum hingegen lachte nach jedem zweiten Satz. Als ich dann in Europa vor dem Fernseher sass und die gleichen amerikanischen Soap Operas auf deutsch synchronisiert sah, realisierte ich, dass es nur ganz selten einen Grund zum Lachen gab, und die Lacher im Studio ab Konserve ziemlich willkürlich eingespielt wurden.

Eigentlich ist Englisch eine leichte Sprache. Die ersten 50 Lektionen sind ein Kinderspiel. Wenn man nur die englischen Wörter, die sich bereits in unseren Wortschatz eingeschlichen haben, mit ein paar Verben verbindet, kann man schon ein bisschen Konversation machen. Will man diese Sprache aber bis zur Perfektion beherrschen, dann wird es schon etwas schwieriger. Mir sagte einmal jemand in New York: »Emil, man braucht mindestens zwei Jahre volle Praxis, bis man einigermassen passabel Englisch sprechen kann.« Die volle Praxis hat es für mich leider nie gegeben. Immer wenn ich mal unter Leute kam, eingeladen war zu Parties, kulturellen Anlässen oder zum Essen, und mich auf die englische Konversation freute, stellte sich schon nach kurzer Zeit heraus, dass man sich auf Schwyzerdütsch oder Deutsch unterhielt.

Um es kurz zu machen: Als Niccel und ich beschlossen, wieder nach Europa zurückzukehren, stellten wir uns die Frage, ob wir jetzt wirklich Englisch können. Die ehrliche Antwort lautete: »Nein«. Also wollten wir uns noch eine letzte Chance geben. Da sich unsere Wohnung in Territet noch im Umbau befand, wir in New York kein Appartement mehr besassen und wir keine Lust hatten, immer zwischen der

Schweiz und Frankreich, Deutschland und Österreich hin und her zu pendeln, beschlossen wir, die Zeit zu nutzen und einen dreiwöchigen Intensivkurs in Amerika zu besuchen. Via Internet stiessen wir auf eine Schule in Metter, im Staate Georgia. Sie wollen wissen, wo genau das ist? Bei unserer Ankunft am Flughafen von Atlanta sagte der Beamte am Immigrations-Schalter zu Niccel:

»Metter is in the middle of nowhere.« Und er ergänzte freundlicherweise noch, dass es dort sehr viele Insekten und Stechmücken gäbe.

Das fing ja wieder mal schön an! Unsere Schule befand sich also im tiefsten Niemandsland! Ganz so schlimm war es dann aber doch nicht. Und da wir von morgens acht bis abends zehn Uhr pausenlos unterrichtet wurden, konnte es uns ziemlich egal sein, dass es in der Umgebung von Metter nichts Besonderes zu sehen gab. Drei Wochen haben wir Tag und Nacht nur Englisch gesprochen. Niccel und ich hielten tapfer durch, sagten uns auch auf Englisch »Gute Nacht« und begrüssten uns am nächsten Morgen wieder in dieser Sprache. Wir haben in den ganzen drei Wochen *kein einziges Mal* auf Deutsch miteinander gesprochen.

Niccel gehörte natürlich zu den besseren Schülerinnen. Wer als Deutsche fähig ist, in New York innerhalb von drei Monaten den Schweizerdialekt zu sprechen, sollte auch keine Mühe haben, Englisch zu lernen. Ich war aber auch nicht der schlechteste Schüler. Es waren ein paar Japaner in der Klasse, die grosse Schwierigkeiten hatten, ein »r« auszusprechen. Der daraus resultierende Vorsprung war nicht unangenehm!

Ich könnte mich jetzt hier auch noch über die in der Schweiz aufgetauchte Idee auslassen, Englisch statt Französisch als erste Fremdsprache zu lernen, aber ich glaube, Sie haben jetzt genug vom Sprachenlernen.

Und trotzdem kann ich Ihnen nur zurufen: Büffeln Sie Englisch! Und je jünger Sie dabei sind, desto besser. Aber auch wenn Sie nicht mehr ganz so jung sind, meine Englisch-Sprachkurse auf Umwegen haben Ihnen vielleicht Mut gemacht, es ebenfalls auszuprobieren. Da kann ich eigentlich nur noch sagen, ganz in amerikanischer Manier:
»Do it! It's never too late!«

⋆ ⋆ ⋆ Hai, war das schön!

Die Sprachschule in Metter, Georgia, lud ab und zu Leute aus der Umgebung zum Abendessen ein, damit wir Schüler uns in amerikanischer Konversation üben konnten.

Eines Abends war ein gewisser Danny zu Gast. Da Niccel die Aufgabe hatte, mit ihm vor dem Essen ein kleines Interview zu machen, um ihn dann den anderen Schülern vorzustellen, erfuhren wir, dass Danny kleine Industriewerbefilme drehte und einen Film über unsere Schule plante. Was Niccel aber viel mehr faszinierte war, dass er von freilebenden Delfinen berichtete, die man, nicht weit von hier, im Meer beobachten könne. Kaum hatte er Niccels Begeisterung für Delfine bemerkt, lud er uns auch schon zu einer Schifffahrt ein.

Er holte uns am Sonntag um sieben Uhr bei unserer Schule ab. Wir machten grosse Augen, als wir sein *Schiff* erblickten, das er auf einen kleinen Anhänger geladen hatte. Es glich eher einem grösseren Ruderboot, ausgestattet mit einem Aussenbordmotor. Mit so einer Nussschale sollen wir hinaus aufs Meer? Diese Vorstellung steigerte nicht gerade meine Vorfreude.

Da es sonntags in der Schule immer erst ab acht Uhr Frühstück gab, hatte Danny von *McDonald's* Kaffee und Muffins mitgebracht. Statt einem *déjeuner sur l'herbe* gab es ein Frühstück auf der Motorhaube. Service total!

Die Fahrt in Richtung Meer dauerte eine Stunde. Zweimal steuerte Danny sein Auto beinahe rechts in den Graben, weil er beim Erzählen lieber Blickkontakt mit uns Beifahrern halten wollte als auf die Strasse zu schauen. Zweimal konnte ich im letzten Augenblick das Unheil abwenden, indem ich ins Steuer griff. Die Technik, sein Bötchen ins Wasser gleiten zu lassen, beherrschte er hingegen perfekt. Durch ein unübersichtliches System von verzweigten Flüssen und fast stehenden Gewässern steuerte Danny das Boot in Richtung Meer. Ich wagte es, ihn zu fragen, ob er denn dazu nicht eine Land- oder Seekarte benötige. Er kramte aus einer Kiste von ganz zuunterst ein total zerknittertes Papier hervor, auf dem die Meeresbucht mit all ihren Zuflüssen eingezeichnet war.

»Das brauche ich nicht. Ich kenne hier alle Zufahrten auswendig.«

Nach zirka einer Stunde erreichten wir endlich das offene Meer. Wolkenloser Himmel. Die Sonne strahlte. Geduldig sassen wir im Boot und warteten gespannt auf die versprochenen Delfine. Ein paar Möwen durchbrachen mit ihrem Gekreische ab und zu die Stille, aber von Delfinen keine Spur. Nach etwa einer Stunde wurde Danny plötzlich aktiv. Er warf ein Netz aus, um kleine Fische zu fangen. Wir hofften, dass er sie uns nicht zum Mittagessen servieren würde. Dann schnitt er einem dieser Fischlein den Schwanz ab, hängte den blutenden Köder an einen Angelhaken und warf die Angel aus.

»Ihr werdet sehen, gleich beisst ein Haifisch an«, sagte er verheissungsvoll.

Wir waren etwas erstaunt, dass die versprochene Delfinshow nun zur Haifischjagd mutieren sollte, verhielten uns aber weiterhin ruhig und betrachteten das Haifischangeln als einen kleinen amerikanischen

Bluff. Es biss kein Hai an. Plötzlich drückte Danny mir die Angel in die Hand und ging zum Motor, damit er das Boot besser steuern könne, falls ein Hai anbeissen sollte. Scheinbar war es ihm doch ernst mit seiner Aussage. Ich hielt die Angelrute fest in der Hand, schaute wie hypnotisiert auf den Schwimmer und hoffte, dass heute kein Hai Lust auf einen Sonntagsbrunch hätte.

Die Sonne wurde immer unbarmherziger. Ausser unseren Mützen hatten wir nichts, um uns vor ihr zu schützen. Immer noch konzentrierte ich mich voll auf den Schwimmer, um ja nicht den Augenblick zu verpassen, wenn er nach unten gezogen würde. Danny sah mir wahrscheinlich mein Unbehagen an und wollte mich beruhigen.

»Wenn ein Hai anbeisst, musst du nur die Angelrute gut festhalten. Ich fahre dann mit vollem Tempo los, bis der Hai müde ist.«

»Ah ja, sehr beruhigend!« antwortete ich.

Eine weitere Stunde verging und nichts war passiert, ausser dass immer wieder kleine Fischchen dran glauben mussten. Ich tendierte dazu, die Übung abzubrechen.

Plötzlich begann die Rolle meiner Angel heftig zu surren. Die Rute bog sich gewaltig.

»It's a shark! It's a shark!« rief Danny ganz ausser sich.

Ja, und jetzt? fragte ich mich. Mein Herz rutschte in die Hosen. Ich wollte und konnte doch jetzt keinen Kampf mit dem Hai führen. Der hätte ja mit einem einzigen Schlenker unsere Nussschale kentern können. Ausserdem bin ich kein geübter Schwimmer. Meine Schwimmzüge fallen immer etwas zu hektisch aus, geschweige, wenn ich weiss, dass ein Hai in meiner Nähe mitschwimmt.

»Ich will keinen Hai!« schrie ich verzweifelt, und schon stürzte sich Danny auf mich und riss mir die Angelrute aus der Hand. *Er* wollte diesen Hai. Aber kaum hatte er das Zepter übernommen, verhedderte sich die Schnur am Motor, riss und gab so dem Hai seine Freiheit zurück.

»Lieber Danny«, sagte ich, »bitte bring uns jetzt zurück an Land!«

Eigentlich hätte jetzt für Danny der Spass erst richtig angefangen, aber er tat uns den Gefallen und drehte ab.

Irgendetwas mit Seltenheitswert wollte dieser Amerikaner uns Europäern aber dann doch noch vorführen. Wir befanden uns bereits wieder in dem Flüssegewirr. Danny zweigte vom Hauptfluss ab und steuerte das Boot in einen Seitenarm, der immer enger wurde. Das dichtgewachsene Schilfgras auf beiden Seiten war an manchen Stellen ganz plattgetreten. Wir wollten wissen, wie es dazu kommt.

»Da liegen sonst die Alligatoren.«

»Alligatoren?!« tönte es fast synchron aus Niccels und meinem Mund. Wir befahlen ihm, sofort umzukehren. Wir hatten nur noch einen Wunsch: so schnell wie möglich diesen Ausflug zu beenden. Genug der Beinahe-Abenteuer!

Nachdem wir den Hauptfluss wieder erreicht hatten, verpasste Danny eine Abzweigung, und zu unserem und seinem grossen Erstaunen landeten wir nach 20 Minuten wieder draussen auf dem Meer. Die Sonne stand jetzt senkrecht über uns und brannte unerbittlich auf uns herunter. Auf der Rückfahrt machte sich dann auch noch die Ebbe bemerkbar, und wir mussten immer wieder Sandbänke umschiffen. Plötzlich entdeckte Danny ein ziemlich grosses Segelboot, das auf einer Sandbank gestrandet war.

»We have to help them!« lautete seine Devise. Der Anblick der in Not geratenen Segler liess sein amerikanisches Herz gleich höher schlagen. Er freute sich auf *action* und steuerte das Schiff an.

Drei merklich angeheiterte Männer und viele leere Bierflaschen waren an Bord. Danny reichte den Männern einen dicken Strick und versuchte mit der Kraft seines kleinen Aussenbordmotors das Segelschiff von der Sandbank loszureissen. Es bewegte sich überhaupt nichts. Er versuchte es von der anderen Seite. Da legte sich das Segelschiff leicht schräg, wodurch das grosse Segel mit voller Wucht zur Seite schwenkte und der schwere Holzbalken wie ein Schwert ein paar Zentimeter über Niccels Kopf hinwegsauste. Das war mehr als knapp! Jede Reaktion ihrerseits wäre zu spät gekommen.

Jetzt hatten wir endgültig genug vom amerikanischen Heldentum! Ich bestand darauf, dass wir die Männer auf der Sandbank sitzen liessen und sofort zurückfuhren.

»Aber sie müssen dann vielleicht drei bis sechs Stunden warten …«, insistierte Danny noch.

»Die haben sicher noch ein paar Flaschen Bier an Bord, um ihren Durst zu stillen«, erwiderte ich und liess nicht locker.

Kaum hatten wir unser Boot wieder in Bewegung gesetzt, sassen wir auch schon selbst auf einer Sandbank. Mit Vollgas kamen wir glücklicherweise gleich wieder los, sonst hätten auch wir bei dieser grossen Hitze stundenlang auf die Flut warten müssen.

Wie zur Versöhnung tauchten dann doch noch ein paar *bottlenose dolphins* in 50 Metern Entfernung auf. Danny war zufrieden, denn somit war der Beweis erbracht, dass er uns nicht zu viel versprochen hatte. Er brachte uns sicher an Land, und wir waren überglücklich, den Boden wieder unter unseren Füssen zu spüren.

Delfine sehen ja so friedlich aus, aber indirekt hatten sie uns in ein paar ganz schön gefährliche Situationen gebracht. Oder haben sie uns vielleicht die ganze Zeit unter Wasser begleitet und unsere unsichtbaren Schutzengel gespielt?

Am nächsten Schultag konnten wir jedenfalls unseren Mitschülern eine aussergewöhnliche Story über eine Bootsfahrt mit vielen Überraschungen erzählen. Alle freuten sich, dass wir wieder *hail* in Metter angekommen sind.

★ ★ ★ Grosse, kleine, keine Freiheiten

Es ist ganz klar, dass ich mich in den USA wohl fühlte und die grosse Freiheit genoss, mich in der Öffentlichkeit bewegen zu können, ohne dabei ständig beobachtet zu werden. Mir ist aber bewusst, das so etwas für andere Menschen ganz normal ist. Die *amerikanische Freiheit*, von der immer alle so viel schwärmen, muss also etwas anderes sein.

Mir erschien es natürlich schon als Freiheit, dass ich beim Reisen nicht ständig, wie etwa in Europa, auf Grenzposten stiess. Als Schweizer fällt einem das besonders stark auf. Aber auch damit treffe ich nicht die Vorstellung von der legendären amerikanischen Freiheit. Wo aber entdecke ich sie? Wie spüre ich sie?

Vielleicht beginnt die amerikanische Freiheit schon damit, dass ich auch am Sonntag hundert Meter vom Haus entfernt Laserkopien machen und Druckaufträge abliefern kann. Oder damit, dass ich sonntagnachmittags in den Warenhäusern einkaufen und ihre Auswahl studieren kann und dass hinter meinem Haus 24 Stunden durchgehend frisches Gemüse, Obst, Zeitungen und Eis offeriert werden. Auch das Wetter nimmt sich in New York die grosse Freiheit, fast jeden Tag anders auszufallen. Freiheit empfinde ich auch, wenn ich trotz der vielen Wolkenkratzer immer irgendwo den Horizont sehen kann, der mir ein Gefühl von Weite vermittelt. Die Freiheit spüre ich sicher auch als berufstätiger und unternehmungsfreudiger Mensch, denn hier ist man neugierig auf Neues, Fremdes und das scheinbar Unmögliche.

Vielleicht versteht man unter der amerikanischen

Freiheit aber auch, dass man beim Umziehen einfach seine Möbel vors Haus stellen und alles an Interessenten aus der Nachbarschaft verkaufen kann, um irgendwo einen Neuanfang zu wagen. Ein kleines Einfamilienhaus lässt man sich mit dem Sattelschlepper an den Ort bringen, wo man sich für die nächsten Jahre niederlassen will.

Es gab in Amerika Menschen, die haben sich die Freiheit genommen, mitten in der Wüste Land zu bewässern, um dann Las Vegas, eine Stadt für Millionen, erst auf dem Reissbrett und später in Wirklichkeit zu realisieren. Und US-Wissenschaftler sind so frei, ein fahrbares Vehikel zum Mars zu schicken, um Näheres über diesen Planeten zu erfahren.

Heisst Freiheit in Amerika aber auch, Wahlresultate bekannt zu geben, bevor alle Stimmzettel gezählt sind? Heisst amerikanische Freiheit auch, sich nicht an internationale Abmachungen zu halten oder sie zu torpedieren? Gehört es auch zur amerikanischen Freiheit, sich nicht darum zu kümmern, was die ganze Welt zum Schutz unserer Umwelt für gut befunden hat?

Diese letzten sogenannten *Freiheiten* entstehen vielleicht gerade aus der Haltung heraus, dass Amerika jedem ein Gefühl von Freiheit garantiert. Wird man durch Freiheit rücksichtslos?

Es gibt aber auch in den USA die etwas kleineren Freiheiten und Unfreiheiten.

Eine amerikanische Familie sitzt vergnügt in einem Restaurant. Der Vater bestellt das Menu für seine Frau, seine Tochter und seinen Sohn.

»And four glasses of red wine, please!« sagt er zum

Kellner, der daraufhin die Ausweise der beiden Teenies verlangt – und das, obwohl sie in Begleitung ihrer Eltern sind. In Amerika darf unter 21 Jahren kein Alkohol konsumiert werden.

Viele junge USA-Reisende aus Europa sind ganz erstaunt darüber, dass sie in den Staaten erst ab 25 Jahren ein Auto mieten dürfen. Den Führerschein macht man dort zwar bereits mit 16 Jahren, aber die grossen Mietfirmen wollen mit Jugendlichen keine Schadens-Risiken mehr eingehen. Zu viele Unfälle sind passiert. Wer trotzdem mit weniger als 25 Jahren ein Auto mieten möchte, muss es halt beim kleineren Vermieter um die Ecke versuchen.

Ein ganz anderes Thema. Stellen Sie sich einen Kettenraucher vor, der in Zürich-Kloten vor dem Flughafengebäude steht und vor dem Abflug einen letzten tiefen Lungenzug macht. In den kommenden acht Stunden, auf dem Flug nach New York, herrscht für ihn absolutes Rauchverbot. Wenn er dann endlich gelandet ist, steht er unter Umständen 30 bis 60 Minuten in einer Warteschlange vor der Immigrationskontrolle. Selbstverständlich ist auch da Rauchen strengstens verboten. Dann folgt die Warterei auf das Gepäck, danach die Zollabfertigung … und immer noch muss er seinen Nikotinstengel in der Tasche liegen lassen. Steigt er dann endlich in ein Taxi, sieht er überall Aufkleber mit dem Hinweis: »Don't smoke!« Da nützen auch ein paar Bestechungsdollar nichts. In der Hotellobby und an der Réception herrscht natürlich auch ganz klares Rauchverbot. Ab in den Lift, zusammen mit dem Liftboy – und auch hier absolut keine Chance, den Glimmstengel anzustecken. Das Päckchen kann man aber schon in die Hand nehmen. Dann zum Zimmer gehen, den Schlüssel ins Schloss stecken, aufsperren – und endlich, auf 24 Quadratmetern darf man nach elf bis zwölf Stunden wieder die grosse Freiheit geniessen, sich eine Zigarette anzuzünden – natürlich nur, wenn man ein Raucherzimmer reserviert hat!

Welch eine Qual! Ich bin zwar Nichtraucher, aber ich kann mir gut vorstellen, dass diese Situation für einen Kettenraucher unerträglich sein muss. Aber wenn man es geschafft hat, so lange ohne Zigarette auszukommen, wäre das eigentlich ein guter Grund, das Rauchen gleich ganz aufzugeben.

Natürlich fiel mir nach meiner Rückkehr aus den USA sofort die rauchgeschwängerte Luft in manchen Schweizer Restaurants auf. Wenn man von einem Essen nach Hause kommt, riechen die Kleider oft nach einer Mischung aus Grilliertem, verbrauchtem Speiseöl und *Marlboro*-Teerrückständen. Das war jetzt vielleicht etwas übertrieben, aber in New York wird man halt diesbezüglich verwöhnt.

Ich erlebte in New York auch das Aufkommen der Inline-Roller. Das Bild des Wall-Street-Börsianers auf Rollschuhen, im Doppelreiher-Anzug und mit dem Business-Köfferchen unter dem Arm, ging um die ganze Welt. Inzwischen gehören die Inline-Roller zum normalen Stadtbild von Manhattan. Es gibt da ein paar freche Kerle, die auf der Strasse mit Extremtempo in entgegengesetzter Richtung fahren. Die Taxifahrer hupen zwar – was sie sowieso gern tun –, aber die Polizei verhält sich ganz passiv. Kleine Freiheiten im New Yorker Verkehr.

Ich erschrak, als ich dann in einer Schweizer Zeitung lesen musste, dass Rollschuhfahrer per Gesetz ab sofort in die Schranken gewiesen werden sollten und dass die Polizei waghalsige Fahrer bereits verfolge und ihnen Bussgelder verordne. Da spürte ich wieder einmal den kleinen Unterschied. In Manhattan lässt sich nicht alles regeln. In der Schweiz sind wir eher dazu in der Lage, auch noch das kleinste Schlupfloch einer Freiheit per Gesetz zu schliessen. Es gibt in New York Rollschuhfahrer, die sich hinten an Bussen festhalten und sich so durch die Stadt ziehen lassen. Kein Verbot wurde kreiert. Es hätte vermutlich auch nichts genützt. Aber man baute die Busse um, so dass man sich jetzt nirgends mehr festhalten kann.

Zu meinen Freiheiten im New Yorker Strassenverkehr gehörte es, als Fussgänger bei Rot die Strasse zu überqueren, manchmal sogar begleitet von Polizisten, die dasselbe taten.

Freiheit in New York bedeutete für mich aber auch noch etwas ganz anderes, nämlich an einem Samstag- oder Sonntagmorgen beim Fahrradhändler ein Velo zu mieten und einfach drauflos zufahren, über die *Brooklyn Bridge*, dann durch Brooklyn, nachher zum *Battery Park*, den *Hudson River* entlang bis zu den *Chelsea Piers* an der 17. bis 23. Strasse, einem ehemaligen Schiffshafen, der zu einer riesigen Sport- und Freizeitanlage umgebaut wurde. Überall freie Strassen, kein Verkehr, denn der beginnt am Wochenende immer erst gegen 14 Uhr. Paradiesisch! Meine kleine grosse Freiheit.

★ ★ ★ Strassen-Bingo

Ich stehe in Milwaukee, 90 Meilen nördlich von Chicago, mit hunderttausend anderen Menschen am Strassenrand. Immer wieder betreten Leute die Strasse, zeichnen mit Kreide einen Kreis auf den Boden und markieren ihn dann mit ihren Initialen oder einer Zahl. Auch ein kleines Mädchen springt mitten auf die vom Verkehr gesperrte Strasse, macht mit Kreide einen Kreis, oder sagen wir ein Oval, und schreibt ihren Namen, Suzie, hinein. Können Sie sich vorstellen, wozu das gut sein soll?

An der wichtigsten Strasse von Milwaukee im Staate Wisconsin reservieren sich Tausende einen Steh-, Sitz- oder Liegeplatz, lange bevor das eigentliche Spektakel beginnt. Heisst das nun, zwei Stunden vorher? Oder fünf Stunden vorher? Zehn Stunden? Einen Tag? Zwei Tage? Es gibt sogar ganz hartgesottene Fans, die belegen ihre Plätze schon drei Tage im Voraus. Natürlich stehen sie sich dann nicht drei Tage lang die Beine in den Bauch. Nein, sie richten sich hier vorübergehend ihr Zuhause ein, sei es mit Schlafsäcken und Iso-Matten, etwas komfortabler mit Liegestühlen oder ganz wettersicher mit kleinen Iglu-Zelten, die sie auf dem Trottoir aufstellen. Dazu kommen noch Radios und Fernsehapparate, ein Grill, die Kinder und der Hund und sogar ein kleiner Kühlschrank mit Elektromotor darf auf diesen wenigen Quadratmetern nicht fehlen.

Aber sind die denn nur gekommen, um mit Kreide ein paar Kreise auf die Strasse zu malen? Sicher nicht. Sie warten hier alljährlich im Juli auf den Beginn der grössten Circus-Parade der Welt.

Die *Great Circus Parade* ist ein sensationeller, farbenprächtiger Umzug. An erster Stelle der Parade defilieren 30 herausgeputzte Polizisten stolz, um nicht zu sagen fast ein bisschen zu wichtigtuerisch, auf ihren hochglanzpolierten Motorrädern. Dann endlich folgen hunderte nostalgischer Circuswagen aus Holz, die liebevoll restauriert und mit viel Gold verziert sind. Durch die Gitterstäbe eines Käfigwagens blinzeln müde Löwen und Tiger in die Menschenmenge. Auf dem Dach eines anderen Wagens steht seelenruhig ein grosser Bison. Beeindruckend sind auch die vielen Musikkorps mit ihren unübersehbaren Sousaphonen und effektvollen Uniformen und natürlich die Hundertschaften von Clowns und Artisten, die ebenfalls zur Parade gehören. Aber am beeindruckendsten sind sicherlich die unglaublich faszinierenden alten Circuswagen, in einer Grösse, wie wir sie in Europa gar nicht kennen.

Plötzlich jubelt jemand am Strassenrand. Wieso denn? Ist mir etwas Wichtiges entgangen? Naja, *wichtig* ist relativ. Ich will Ihnen verraten, was hier zu diesen Freudenschreien geführt hat.

Die Parade wird von über 700 Pferden begleitet, die teilweise die alten Wagen ziehen. Nun kann es natürlich mal passieren, dass das eine oder andere Pferd ein paar Pferdeäpfel fallen lässt. Sollten nun diese Äpfel ausgerechnet in einem der Kreidekreise landen, dann hat die Person, die den Kreis gezeichnet und markiert hat, gewonnen. Das ist das verrückteste Bingo-Spiel der Welt, das sogenannte *Fäkalien-Bingo*. Es muss ein richtig grosses Business mit gar nicht mal so bescheidenen Wetteinsätzen sein.

Dass die Chancen auf einen Gewinn gegen Ende des Umzugs noch einmal steigen, daran ist der eigentliche Höhepunkt der Parade schuld, das grösste Pferdegespann der Welt. Sage und schreibe 40 Pferde sind vor einen Wagen gespannt. Der Kutscher sitzt hoch oben auf seinem Bock, hält die 40 Zügel in seinen Händen und kutschiert den Wagen sicher durch die Strassen von Milwaukee. Jetzt wird für die Freunde des Strassen-Bingos die Spannung am grössten. 40 Pferde, da bekommt jeder noch einmal eine Chance. Es sei denn, die Pferde hätten vor lauter Aufregung ihre Notdurft bereits vor dem Start verrichtet, wie es ja auch beim Lampenfieber von Künstlern oft der Fall ist.

Ich glaube aber, dass letztendlich der Blick auf diese Parade mit all ihren unglaublichen, alten Kostbarkeiten doch interessanter ist, als ständig zu verfolgen, welches Pferd gerade Anstalten macht, seinen Schwanz anzuheben, um ... Die Fortsetzung muss ich hier nicht beschreiben.

Die Parade dauert gute drei bis vier Stunden und findet jedes Jahr im Juli statt. Nicht nur die Bingo-Fans kommen dabei auf ihre Rechnung, auch Eisenbahnfanatiker, denn viele der Nostalgiewagen werden auf einem langen Eisenbahn-Sonderzug von Baraboo, im Norden von Wisconsin, nach Milwaukee transportiert. Es muss ein einmaliger Anblick sein, wenn dieser farbenprächtige Güterzug langsam durch die grüne Landschaft dahingleitet. In Baraboo befindet sich übrigens auch das grösste Circus-Museum der Welt. Man sagt, dass allein in dieser Gegend hundert Circusse ihre Geburtsstätte hätten.

Auf dieser Reise durch Wisconsin sind wir immer wieder auf das Hinweisschild »House on the Rock« gestossen. Was verbirgt sich wohl dahinter? fragten wir uns. Die Neugier liess uns keine Ruh. Wir folgten also den Schildern und entdeckten eine einmalige Attraktion. »Schon wieder?« werden Sie jetzt fragen. Lassen Sie sich überraschen … im Land der unbeschränkten Möglichkeiten ist wirklich alles möglich!

★★★ Das weiss man

Sie wissen doch, dass Washington DC die Hauptstadt von Amerika ist, dass es aber auch noch einen Staat Washington gibt, der mit der Hauptstadt gar nichts zu tun hat, sondern nördlich von Californien liegt.

Wissen Sie auch, dass die Hauptstadt des Staates New York ... eben nicht New York ist, sondern Albany, 159 Meilen nördlich von New York City?

Dafür ist aber New York, laut Bürgermeister Giuliani, die Hauptstadt der Welt! Jetzt wissen wir es!

Ich wollte einmal wissen, wie Albany, die Hauptstadt von New York, aussieht. Das war aber eine Enttäuschung! Ich traf ein kleines, totes Provinznest an, mit ein paar grossen Häusern der verschiedenen Verwaltungen, aber ansonsten, ich kann es nicht anders sagen, herrschte vollkommen tote Hose. Die Innenstadt war völlig ausgestorben, und die wenigen noch existierenden Läden waren eher drittklassig, vom Second Hand Shop über düstere Räucher-Stäbchen-Boutiquen bis hin zum verstaubten Antiquitätenhändler und einem Modehaus für Übergrössen. Das also ist das Resultat, wenn ausserhalb der Innenstadt riesige Einkaufszentren gebaut werden. Wer dann noch im alten Stadtkern zurückbleibt, hat kaum eine Überlebenschance.

Dann wollte ich wissen, wie eigentlich so ein Stadtleben im Landesinnern der Vereinigten Staaten aussieht. Also reiste ich nach Albuquerque im Staate New Mexico. Wussten Sie, das dort jedes Jahr die grössten Heissluftballon-Starts der Welt stattfinden? Ein Wahnsinnsereignis, aber die Stadt selbst, mit ihren 600 000

Einwohnern, besitzt nur einen einzigen Theaterraum, der zur Universität gehört, und drei Kinos in einem Einkaufszentrum. Das ist alles an kulturellen Einrichtungen. Wenn ich das mit Zürich – 360 000 Einwohner – und seinem kulturellem Angebot vergleiche, ist das erschreckend wenig. Die Leute in Albuquerque sind voll auf's Fernsehen mit seinen 40 bis 60 mehr oder minder qualitativen Programmen angewiesen. Na gut, es gibt auch noch die Möglichkeit, Bücher zu lesen – zum Glück!

Ich wollte auch wissen, was die Aussicht vom Hausberg von Albuequerque bietet. Also fuhr ich mit einer Schwebebahn hinauf. Und was erfuhr ich gleich nach meiner Ankunft auf einer Metalltafel? Diese Bahn wurde von einer Luzerner Firma hergestellt und montiert. Das wollte ich eigentlich gar nicht wissen.

Da ich schon mal bis Albuquerque gekommen war, wollte ich auch wissen, wie es, 58 Meilen entfernt, in Santa Fe aussieht. In dieser idyllischen Stadt war eine Farbe total tonangebend: türkisblau. Hunderte von Läden und alle Auslagen voll mit diesen Türkisen! Ich bekam fast eine Türkisallergie. Man sah auch eine Galerie neben der anderen, da hier sehr viele Malkurse und esoterische Seminare stattfinden.

Ich wollte aber noch mehr wissen: Wie sieht der Bahnhof von Santa Fe aus? Vor meinem inneren Auge sah ich viele Bilder von imposanten Lokomotiven mit dem Logo *Santa Fe*. Zu meiner grossen Enttäuschung hatte Santa Fe aber gar keinen eigenen Bahnhof. All die unendlich langen Güterzüge wurden weit ausserhalb an der Stadt vorbeigeleitet.

Noch etwas wusste ich, als ich in Amerika war. Ich

hatte es mit eigenen Augen gesehen, das gute Miteinander der vielen verschiedenen Nationalitäten, Menschen und Kulturen in New York. Es beeindruckte mich, wie in der Mittagspause im *Wall Street District* viele Börsianer und Angestellte aus umliegenden Bürohäusern locker um die *Trinity Church* sassen, um sich mit Hamburgern und Sandwiches zu verpflegen. Ein gemütliches und friedliches Miteinander von Farbigen und Weissen. Auf ein paar alten Grabsteinen hatte sich eine Jazzkapelle eingefunden und musizierte, Schuhputzer reinigten den Herren in weissen Hemden die Schuhe … Für mich ein unvergessliches Bild friedlichen Zusammenlebens. Aber der Schein trog. Nur ganz selten sah ich nämlich in den besseren New Yorker Restaurants Farbige sitzen. Diese Trennung, so erklärte mir ein Farbiger, ergebe sich ganz automatisch:

»Wir wissen, wo wir uns wohl fühlen, und wir wissen, wo sich die Weissen mit uns nicht wohl fühlen. Wir wissen wo wir akzeptiert werden und wo nicht.«

Das wusste ich vorher nicht.

Aber ich weiss, dass sich erst kürzlich Bill Clinton im Farbigen-Viertel Harlem sein Büro einrichten liess. Ob er damit ein Zeichen setzen wollte oder war einfach nur die billigere Miete ausschlaggebend? Naja, denken wir mal positiv!

Wussten Sie, dass 83% der Amerikaner nicht gern im Mittelpunkt stehen?

…, dass 95% der amerikanischen Teenager später heiraten wollen?

…, dass 97% aller Lebensmittelläden in den USA Papiersäcke aushändigen?

…, dass 49% der amerikanischen Frauen im letzten Jahr ein Blumen-Arrangement für ein Grab gekauft haben?

Keine Angst, liebe Leserin, lieber Leser, ich werde Sie nicht weiter mit diesen Zahlen nerven, obwohl ich fast 100 Seiten mit diesen Fakten füllen könnte. Sie stammen aus einem Buch mit dem verheissungsvollen Namen »100% American«.

Sie wissen sicher so gut wie ich, dass es viele Bücher über die USA gibt, die uns immer wieder beweisen, dass wir über dieses Land vieles noch nicht wissen und es uns nie möglich sein wird, alles zu wissen. Lassen wir also den Amerikanern auch noch ein paar Geheimnisse!

★ ★ ★ House on the Rock

»Was ist das?« haben wir uns auf unserer Reise durch Wisconsin gefragt, als wir am Strassenrand immer wieder Hinweisschilder mit der Aufschrift »House on the Rock« sahen. Irgendwann war die Neugier so gross, dass wir, fast wie hypnotisiert, einfach den Schildern folgten.

Soll ich Ihnen verraten, was wir dann gesehen haben? Das ist gar nicht so einfach. Sogar in den hauseigenen Prospekten wird das Haus als unbeschreibbar beschrieben, als architektonisches Wunder, als lebendiges Wesen, geschichtliche Lektion und Ausblick in die Zukunft.

Können Sie sich jetzt mehr darunter vorstellen? Wohl kaum.

Alex Jordan, der Erbauer dieses verrückten Bauwerks, hat es immer abgelehnt, sich in Interviews zu äussern, denn er wollte sein Haus für sich sprechen lassen. Und es gab noch einen anderen Grund, warum er sich gegen Interviews wehrte:

»Die Anonymität ist mein grösster Besitz. Es ist das einzige was ich habe und ich werde wie der Teufel darum kämpfen, sie mir zu bewahren.«

Noch so ein Mister-Nobody-Fan. Jordan gab sich im Haus nie zu erkennen, obwohl er oft in einfacher Kleidung, ganz unscheinbar herumstand, um die Besucher zu beobachten. Wenn jemand meinte, in ihm den Hausbesitzer zu erkennen, verneinte er das sofort:

»Nein, ich bin nur der Installateur.« Er wollte um alles in der Welt unerkannt bleiben, um so die Reaktionen seiner Besucher geniessen zu können. Das war sein Honorar.

Jetzt wollen Sie aber endlich wissen, was denn an dieser Hütte das Verrückte war und immer noch ist.

In den frühen 40er-Jahren kletterte Alex Jordan im *Wyoming Valley* auf einen Felsvorsprung und genoss den herrlichen Ausblick:

»Hier baue ich mir mein Haus!«

Als Bildhauer wusste er ganz genau, dass man die einfache Eleganz der Natur nicht verschönern kann, also beschloss er, sein Haus als Krönung des Felsens zu bauen.

Er trug Stein um Stein in einem Korb auf dem Rücken den unwegsamen Felsen hinauf. Ab und zu halfen ihm Studenten dabei. Die Leute aus der Umgebung hielten seine Idee für verrückt und kamen immer öfter, um ihn beim Bau zu beobachten. Schlau wie er war, verlangte er bald Eintritt von ihnen und investierte das so verdiente Geld gleich wieder in seinen Hausbau.

Zuerst entstand eine Wohnung mit einer integrierten Werkstatt. Dann begann er die Wohnung mit raren Antiquitäten auszustatten. Daraufhin baute er den *Infinity Room*, einen Raum, der ohne jegliche Stütze mehr als 40 Meter über den Felsen hinausragt. Als er den ersten Teil dieses Raums gebaut hatte, erstellte er darin den zweiten Teil und schob ihn dann teleskopartig hinaus, um darin wieder den dritten Teil des Raums zu bauen usw. Es gäbe über diese spezielle Bautechnik noch viel zu berichten, aber ich muss an dieser Stelle einen kleinen Sprung machen, sonst bräuchte ich die nächsten 50 Seiten allein, um Ihnen den Bau des *House on the Rock* zu schildern.

Zum *Infinity Room* sollte ich aber noch ergänzen,

dass er nur aus Glaswänden und einem Plexiglasboden besteht und man so freie Sicht auf den 50 Meter tiefer liegenden Waldboden hat. Der Raum zählt 3264 Fenster und ist perspektivisch so gebaut, dass man den Eindruck erhält, er sei unendlich lang.

Alex Jordan baute sein Haus immer weiter aus und sammelte alles, was man nur sammeln kann, um es bei sich auszustellen. Obwohl er kaum verreiste, kaufte er in der ganzen Welt ein. Zum Teil kaufte er ganze Sammlungen auf, und so wurde seine eigene immer grösser und grösser. Wenn Sie einen Besuch in diesem Museum einigermassen geniessen wollen, müssen Sie mindestens einen Tag dafür einplanen.

Bevor ich nun stichwortartig aufzähle, was es in diesem Haus alles zu sehen gibt, muss ich aber noch betonen, dass in diesem verrücktesten aller Museen, die wir je gesehen haben, alle Sammlungen sehr gepflegt, geschmack- und liebevoll präsentiert werden.

Womit soll ich anfangen? Überall stehen Musikautomaten und spielen Jazz, Tango, Walzer und barocke Musik. Plötzlich befanden wir uns vor einer lebensgrossen 40-köpfigen Circus-Big-Band. Die Wangen der Puppen bliesen sich auf, ihre Augenbrauen bewegten sich und die einzelnen Finger spielten wie bei lebendigen Musikern.

Vielleicht würden Sie sich aber mehr für die über hundert ausgestellten Modellschiffe interessieren oder für das grösste Karussell der Welt, mit 20000 Lichtern und 250 verschiedenen Tieren, wobei keines, dem anderen gleicht: Einhörner, Frösche, Bären, Seepferdchen, Meerjungfrauen und alles, was man sich aus der Tier- und Fabelwelt nur vorstellen kann, ist auf diesem Karussell versammelt – nur keine Pferde.

Jordan sammelte alle Arten von alten Spielzeugen, Dampfmaschinen, Glaswaren, Schmetterlinge, alte Bahnhofsautomaten, orientalische Kunst, Rüstungen, Wahrsagepuppen, Registrierkassen, Brauereikessel, mechanische Schaufensterpuppen, und sogar eine Orchideensammlung kann man ums Haus herum bewundern. Man ist total verzaubert, kommt aus dem Staunen gar nicht mehr heraus und kann diese Vielfalt und Kreativität kaum fassen.

Und plötzlich steht man wieder vor einer dieser Orgeln, von denen es Dutzende gibt, zimmergross und herrlich dekoriert. Mit einer Münze kann man sie in Gang setzen, um einfach die schöne Musik zu geniessen und währenddessen die müden Beine ein wenig auszuruhen.

Was sieht man denn noch alles? Unzählige Miniatur-Circusse, hunderte von Puppenstuben, Gegenstände aus der gesunkenen Titanic, eine grosse Sammlung alter Kirchenglocken, eine alte Strasse mit den dazugehörigen alten Geschäften und Handwerkerläden, eine Halle mit den verschiedensten Transportmitteln und Oldtimern … Ich kann hier nur noch sagen: und so weiter, und so weiter …

Alex Jordan, Architekt seiner eigenen Träume, verkaufte das ganze Haus im Jahre 1988 an seinen Langzeitpartner, der auch Sammler war. Bis zu seinem Tod im November 1989 blieb er aber als Art Director im Haus.

Wollen Sie sich mal verzaubern lassen, dann kann ich Ihnen diesen Ort nur wärmstens empfehlen. *It's a place of mystery!*

★ ★ ★ Ideenraub

In New York City ist in den letzten Jahren die Kriminalitätsrate um 30% zurückgegangen. Ein beachtlicher Erfolg. Europa wurde hellhörig. Man lud den Bürgermeister von New York nach Deutschland ein, um ihn über seine Theorie und Praxis der Kriminalitätsbekämpfung referieren zu lassen. Mit anderen Worten, es wurde überlegt, ob man seine Methoden, die dem Motto »Vorbeugen ist besser als heilen« folgten, zukünftig auch in Deutschland anwenden sollte.

Niemand in Europa gibt gern zu, dass man von den Amerikanern auch etwas lernen kann. Es heisst immer nur, dass die Amerikaner versuchten, uns mit aller Gewalt ihre Lebensweise aufzuzwängen.

Ein Psychologe sagte einmal, dass die Amerikaner eigentlich sehr schlau seien, denn sie importieren aus Europa nur das Gute, wir Europäer hingegen würden immer nur das Schlechte aus den USA kopieren:

»Schauen Sie sich einmal die Programme der Konzertsäle in Manhattan an. Die spielen fast ausschliesslich Stücke von europäischen Komponisten wie Mozart, Beethoven, Strauss und Tschaikowsky, und kein Amerikaner regt sich darüber auf oder behauptet, man wolle sie europäisieren.«

Der Fernseher ist in den USA der Mittelpunkt fast jeden Haushalts. Der Apparat läuft durchgehend, auch wenn gar keiner vor der Kiste sitzt. Er ist vielleicht eine Art besseres Radio. Hauptsache ist, es läuft etwas in der Wohnung.

Ich tat mich schwer mit dem amerikanischen Fernsehen und verlor mit der Zeit die Nerven. Mir war meine Zeit zu kostbar, als dass ich jedes Mal für einen 90-minütigen Film dank der vielen Werbeblöcke ganze zweieinhalb Stunden vor der Glotze hätte opfern sollen. Und sogar 30 Sekunden vor Filmende gab es dann noch einmal fünf Minuten Werbung. Ich kam mir vor, als würde man mich als Fernsehzuschauer nicht ganz für voll nehmen.

Zurück in Europa war es dann interessant für mich zu beobachten, was die europäischen Sender mittlerweile den amerikanischen TV-Anstalten alles abgekupfert haben. Dass man viele Serien in Übersee einkaufte, war mir ja schon klar gewesen, aber dass hochkarätige Fernsehmoderatoren amerikanische Talkmaster einfach imitierten, schockierte mich dann schon. Sie machten die genau gleichen Gesten, übernahmen ihre Ideen und ihre Mimik und sogar das Dekor wurde 1:1 nachgebaut. Wie phantasielos. Können wir denn nicht aus eigener Kraft und mit unseren eigenen Ideen und Konzepten eine gute Talkshow auf die Beine stellen?

Auch in der Comedy-Szene liess man sich von US-Künstlern inspirieren, vor allem von den so genannten Stand-up-Comedians. Ich war überrascht, dass so viele kreative Köpfe in Europa darauf angewiesen sind, die Ideen ihrer amerikanischen Kollegen zu übernehmen. Vielleicht denken sie sich dabei gar nichts. Es liegen ja so viele Kilometer dazwischen, da wird schon keinem auffallen, dass sie gestohlen haben.

Seit vielen Jahrzehnten läuft in den USA tagtäglich die Serie »I love Lucy«. Sie gehört mit zu den grössten Erfolgen der amerikanischen Fernsehgeschichte. Es vergeht nicht ein Tag, an dem nicht auf irgendeinem Sender eine Folge dieser Serie wiederholt wird. Für mich war es nebst der Serie »Seinfeld« die beste Fernsehunterhaltung während meiner USA-Zeit.

Ich fragte mich immer, wie lange es wohl dauern würde, bis einer der europäischen Sender auf die Idee käme, diese Serie einzukaufen und zu synchronisieren. Und siehe da, eines Tages begegnete ich bei einer Fernsehaufzeichnung in Deutschland einem deutschen Produzenten. Irgendwie kamen wir auf die Serie »I love Lucy« zu sprechen, und da erzählte er mir voller Stolz, dass er alle Rechte dieser Serie eingekauft habe.

Ich war total begeistert. Endlich mal ein Europäer, der das Gute aus den USA importiert! Sofort stellte ich die Frage, wann denn mit der Synchronisierung angefangen werde und ab wann dann die Serie ausgestrahlt werde. Da antwortete er ganz offen:

»Herr Steinberger, wir haben die Lucy-Filme nicht gekauft, weil wir sie ausstrahlen wollen, sondern weil wir die Gags daraus für andere Drehbücher verwenden wollen.«

Das war wie ein Schock für mich. Konnte man das noch leichtfertig als *klauen* bezeichnen oder war das nicht schlichtweg Kulturraub? Jetzt wäre wieder die amerikanische Polizei gefordert, um dieser Art von Kriminalität einen Riegel vorzuschieben.

Damit ist also »I love Lucy« für Europa endgültig gestorben. Das heisst, wenn Sie Lucy mal sehen wollen, dann müssen Sie schon den Weg über den Atlantik machen. Sie können doch Englisch, oder?

★ ★ ★ I do!

Die Story, wie ich Niccel kennenlernte, mussten wir schon oft in Zeitungsinterviews und Talkshows erzählen. Manchmal sträubten wir uns schon dagegen, weil wir das Gefühl hatten, dass es doch mittlerweile jeder weiss.

»Nein, die Leute kennen die Geschichte noch nicht«, widersprachen die Journalisten uns regelmässig.

Ich war immer froh, sagen zu können, dass Niccel die Geschichte viel besser erzählen kann als ich, und übergab ihr dann jeweils das Wort oder das Mikrofon. Und jetzt übergebe ich ihr – die Tastatur:

Es begann in der Nacht auf meinen zwanzigsten Geburtstag. Kurz nach Mitternacht verspürte ich das grosse Bedürfnis, Emil Steinberger einen Brief zu schreiben. Natürlich bewunderte ich ihn schon lange als Kabarettisten und kannte viele seiner Sketche auswendig. In meinem Brief wollte ich ihn um Rat fragen, wie ich am besten vorgehen sollte, um meinen Wunsch, Clown zu werden, zu realisieren. Ich war natürlich sehr überrascht, als kurze Zeit später eine Antwort von Emil in meinem Briefkasten lag. Wahnsinn! Er erzählte mir später, dass ihn meine Zeilen sehr angesprochen hätten und er gar nicht anders gekonnt habe als zurückzuschreiben.

So entstand ein Briefwechsel, der sich über ganze zehn Jahre hinzog. Wir blieben immer in Kontakt. Manchmal gab es kleine Briefpausen, immer dann, wenn es einem von uns nicht so gut ging, denn keiner wollte den anderen mit seinen Problemen belasten.

Nun stand mein dreissigster Geburtstag vor der Tür. Ich wollte schon immer mal nach New York und schenkte mir selbst eine Reise in den Big Apple zum Geburtstag. Meine Mutter war so lieb, mich zu begleiten. Es war für uns beide das erste Mal, dass wir amerikanischen Boden betraten. Natürlich wussten wir, dass Emil zu dieser Zeit in New York lebte. Wir informierten ihn also über unsere Reise und waren sehr überrascht, als wir im Hotelzimmer auf dem Bett ein dickes, grosses Couvert von ihm vorfanden. Er wünschte uns einen schönen Aufenthalt und schenkte uns Eintrittskarten für die besten Musicals. Wow! Und zur Krönung lud er uns beide an meinem Geburtstag in den *Cirque du Soleil* ein, der gerade in New York gastierte. Zu der Zeit kannte man diesen einzigartigen Circus in Europa noch gar nicht! Anschliessend an die Circusvorstellung gingen wir drei noch in SoHo zum Essen. Schöner hätte ich diesen Geburtstag nicht feiern können.

Nach einer Woche reisten meine Mutter und ich zurück nach Köln. Wir waren total verliebt – in New York natürlich.

In Deutschland bereitete ich mich auf meine ersten Lachseminare vor. Ein Jahr verging wie im Flug. Und schon wieder stand ein Geburtstag vor der Tür.

Da klingelte das Telefon und Emil war am Apparat. Er fragte, ob ich nicht Lust hätte, noch einmal nach Manhattan zu reisen. Natürlich hatte ich Lust, gar keine Frage, denn diese Stadt war mir ans Herz gewachsen, und Emil wiederzusehen bereitete mir ganz besondere Freude.

Ich muss gestehen, im Nachhinein fragten wir uns

oft, warum Emil ein ganzes Jahr gewartet hat, bis er mir diese Frage stellte. Wir wissen es nicht. Es bleibt ein Geheimnis. Vielleicht war das die vielgepriesene Schweizer Langsamkeit, die sicher auch ihr Gutes hat.

Am 13. April 1996, genau an meinem 31. Geburtstag landete ich also wieder in meiner Lieblingsstadt New York, und dann hat es innerhalb von ein paar Tagen bei Emil und mir »Klick!« gemacht und er wollte mich nicht mehr zurückreisen lassen. Ich habe keine Minute gezögert, bei meinem Traummann zu bleiben.

1998, diesmal nicht an meinem Geburtstag, dafür aber am Weihnachtsabend, wollte ich mich schlafen legen und spürte etwas unter meinem Kopfkissen. Es war mein Tagebuch. Zu meiner Überraschung hat Emil folgenden Text ins Buch geschrieben:

Heute am Weihnachtsabend verrate ich Dir, was ich seit fünf Monaten weiss. Es gibt auf dieser Welt keine Frau, die mich glücklicher machen könnte als Du, meine allerliebste Niccel. Wir sind ein einmaliges Paar, deshalb schreibe ich Dir hier meinen Wunsch:
Ich werde Dich heiraten! Hoffentlich sagst Du auch JA!

»Ich werde Dich heiraten!« ist doch eine einmalige Art, einen Wunsch auszudrücken. Unverwechselbar Emil! Ich habe natürlich nicht »Ja« gesagt, sondern: »I do!«, wie es in Amerika verlangt wird, und Emil sagte es auch. Wir haben in der *City Hall* von New York geheiratet und im engsten Kreise einen unvergesslich schönen Tag verbracht, mit einer privaten Schifffahrt vom *East River* vorbei an der Freiheitsstatue zum *Hudson River* – wo ich meinen Brautstrauss warf, den eine junge Farbige begeistert auffing –, und beendeten diesen Tag mit einem Besuch unseres Lieblingsmusicals »Fosse«.

Wollen Sie jetzt noch wissen, wann genau sich dieser Tag ereignete? Eigentlich möchte ich viel lieber Ihnen diese Frage stellen, denn Sie können es herausfinden, wenn Sie das Buch ganz aufmerksam betrachten – und ich schreibe hier bewusst *betrachten.* Ich kann Ihnen nur so viel verraten: Es war nicht an meinem Geburtstag!

Niccel Steinberger

★ ★ ★ Begrüssung auf Schweizer Art

»Emil vermisst das Schweizer Brot – er kommt zurück in die Schweiz!« So schrieb die *stärkste Zeitung der Schweiz* im Jahr 1998. Da müsste ich mir natürlich schon sehr banal vorkommen, wenn das der Grund für meine Rückkehr gewesen wäre.

Während unsere Möbel im Juni 1999 gemütlich auf einem Containerschiff von New York nach Antwerpen gondelten, überquerten meine Frau und ich den Atlantik im Flugzeug.

Seit dem Swissair-Absturz in Halifax war es allerdings mit dem unbeschwerten Fliegen vorbei. Nie hätten wir uns vorstellen können, dass eine Maschine dieser schweizerischen Fluggesellschaft auf so einem Flug, wie wir ihn öfters zurücklegten, ins Meer stürzen könnte. Es war ein gewaltiger Schock für uns.

Trotz der Angst, die mitflog, kamen Niccel und ich gut in Zürich-Kloten an.

Vor dem Terminal warteten wir mit all unseren Koffern auf den Hotelbus. Zwei Flughafenpolizisten mit umgehängten Maschinenpistolen patrouillierten. Drei Meter vor uns blieben sie plötzlich stehen.

»Aha, zurück aus Amerika! Illusionen, he! Die Schweiz ist halt doch besser, he!« rief uns der eine Polizist zu.

So tönte also die *offizielle Begrüssung* nach Betreten des Schweizerbodens. Ich schmunzelte und meinte versöhnlich:

»Es ist sicher an beiden Orten schön.«

Wir fuhren zum Hotel, wo mein Sohn ein Auto mit Nidwaldner Nummer für uns abgestellt hatte. Es war bereits Nachmittag. Wir hatten Hunger und fuhren in die Stadt, um ein Restaurant zu suchen. Da wurde mir bewusst, dass ich nicht mehr in New York war. Wo bekomme ich hier nach 14 Uhr noch eine warme Mahlzeit?

Wir fanden ein Thailändisches Restaurant. Es war kein Gast im Lokal. Ich fragte einen asiatischen Kellner, ob es noch etwas zu essen gäbe. Er reinigte mit dem Rücken zu uns einen Tisch und murmelte, ohne dabei aufzuschauen, etwas vor sich hin, was ich nicht verstand. Ich wiederholte meine Frage noch einmal. Seine Antwort war nun etwas lauter, aber kein bisschen verständlicher. Mit Akribie putzte er weiter an seinem Tisch.

Da bemerkte ich etwas spitz:

»Können Sie nicht mal einen Moment aufhören mit dem Reinigen, mir in die Augen sehen und sagen, ob wir hier etwas zu Essen bekommen?«

Er legte den Lappen beiseite und wie aus einem Maschinengewehr kam seine Antwort. Ich konnte sein Kauderwelsch kaum verstehen:

»Nehmensiedorteintablett, einglasundwaszumtrinken undgehensieansbuffet undbestellensiedort wassieessenwollen. Ichbringeesdannandentisch.«

Wir waren richtig erschrocken über diese *neue* Schweizer Gastfreundlichkeit. Natürlich müssen wir zugeben, dass wir von New York her sehr verwöhnt waren. In Amerika und Asien gibt es so viel Personal, dass problemlos ein guter Service geboten werden kann. So etwas ist in Europa fast nicht mehr realisierbar.

Niccel und ich lachten jedoch über diese ersten beiden Erlebnisse auf Schweizer Boden und fuhren nach dem Essen in die City von Zürich, wo wir hinter der Fraumünsterkirche parkten. Während ich das Parkgeld in die zentrale Parkuhr einwarf, blieb Niccel beim Auto stehen. Ich sah, wie ein Mann auf sie einredete. Mein erster Gedanke war, dass ich genau so einen Typen auch schon auf der Bühne gespielt habe: Regenmantel, Sportmütze, zirka 60 Jahre alt. Ich ging zurück zum Auto. Jetzt wendete er sich direkt an mich:

»Diese Parkplätze sind nur für Zürcher! Da können Sie nicht parken.«

Das darf ja nicht wahr sein, dachte ich, dass ich ein Auto mit einer Nidwaldner Nummer nicht mehr in Zürich parken darf! Bezahlt hatte ich auch schon.

Der Herr holte noch einmal tief Luft und erklärte mit lauter und bestimmter Stimme:

»Das ist jetzt so! Ein neues Gesetz. Sie müssen diesen Parkplatz verlassen. Der gehört nur Zürchern.«

Dann guckte er mir etwas länger als normal in die Augen und begann laut zu lachen:

»So, Emil, jetzt habe ich Sie auch mal erwischt! Das freut mich.«

Auch Niccel und ich mussten lachen, denn es war ihm wirklich gelungen, uns Neuankömmlinge für einen kurzen Augenblick zu irritieren. Man hat Humor in Zürich, dachten wir, und waren froh, dass auf die ersten beiden Erlebnisse mit der Polizei und dem Kellner nun doch noch eine fröhliche Begegnung gefolgt war.

Eine Woche später kam in Luzern ein Mann auf mich zu, stoppte mich, indem er seinen Zeigefinger auf meine Brust hielt, und sagte in barschem Ton:

»Sie, das haben wir gar nicht gern, wenn Sie im Ausland leben und dann meinen, Sie müssten die Schweiz kritisieren!«

Darauf folgte noch ein Satz, der mir ziemlich in die Knochen fuhr:

»Wir sind so wie wir sind, das ist Tradition, und wir bleiben so, verstanden? Verstanden!«

Ich liess ein kurzes Lächeln über mein Gesicht huschen, sagte beschwichtigend, »Scho guet!« und ging weiter.

Ja, das ist die Quittung dafür, wenn man von New York aus ab und zu in einer Schweizer Zeitung eine Kolumne schreibt. Da öffnet man halt sein Herz, lässt Gedanken heraus, die nicht jedem passen, und geht damit auch das Risiko ein, den einen oder anderen Emil-Fan zu verlieren.

Jetzt bin ich aber wieder in der Schweiz, und durch meine Frau – die aus Köln kommt – entdecke ich die Schönheiten dieses Landes noch einmal aus einem ganz neuen Blickwinkel, denn sie macht mich immer wieder auf Dinge aufmerksam, die mir als Schweizer schon längst zur Selbstverständlichkeit geworden sind.

Weniger verständlich war mir die Schlagzeile auf dem Kioskaushang einer Schweizer Zeitung: »Bill Gates zieht zu Emil!«

Das war eine perfekte Zeitungsente, gross aufgemacht als Titelstory. Darin erfuhr ich unter anderem, dass Bill Gates sechs Stockwerke über mir wohnen werde, obwohl doch das Haus nur fünf Etagen hat und ich im dritten Stock einziehen wollte. In der Zeitung war zusätzlich eine hochinteressante Grundrisszeichnung unserer Wohnung abgebildet, so dass sich jeder informieren konnte, wo sich bei uns in Zukunft die Toilette befinden wird. Wir haben natürlich daraufhin alles umgebaut …

Ich vermute, da ist die Phantasie mit dem Immobilienhändler durchgebrannt, denn er verkündete auch, dass sich die Fussballstars Dunga und Romario sowie der Präsident von Guinea mit dem Gedanken befassten, meine Nachbarn im *Riant Château* zu werden.

Wie und wann hätte ich wohl Bill Gates ganz diplomatisch beigebracht, dass wir nicht PC- sondern Mac-Fans sind?

Alles in allem ein toller Auftakt auf heimatlichem Boden – im eiskalten New Yorker Winter habe ich ja gelernt, mir ein dickeres Fell anzuschaffen.

★ ★ ★ Luzern – New York – Territet

»Luzern, die schönste Stadt der Welt«, auf diesen Satz war ich als kleiner Junge immer besonders stolz. Ich sah die Touristen kommen, sah wie sie den Vierwaldstättersee und die Berge bewunderten, und war jedes Mal traurig, wenn es regnete, weil sie die Stadt dann nicht von ihrer schönsten Seite kennen lernen konnten.

Mit 60 Jahren ging ich nach Amerika. Dort wurde ich bei jeder Begegnung als erstes gefragt:

»Where do you come from?«

Wenn ich dann sagte, dass ich aus *Lucerne* komme, wurde immer ausgerufen:

»Oh, Lucerne is so beautiful!«

Gleich in den ersten Wochen meines New-York-Aufenthalts konnte ich in der *New York Times* eine ganze Spezialseite über Luzern lesen. Und eine Woche später sah ich meine Heimatstadt sogar im Fernsehen: Es lief der Film »Indochine«.

Wollen die mich mürbe machen, fragte ich mich damals. Wollen die, dass ich solches Heimweh bekomme, dass ich meinen Entschluss sofort wieder rückgängig mache?

Es ist ganz klar, auch heute noch, wenn ich nach Luzern komme, bestätigt sich, dass die Lage und das Bild dieser Stadt aussergewöhnlich sind und dass man den Ausdruck »schönste Stadt der Welt« vielleicht nicht mehr so gerade heraus sagen kann – aber denken darf man ihn immer noch.

Als Niccel und ich entschieden hatten, wieder in die Schweiz zurückzukehren, dachten wir viel über unseren noch nicht gefundenen neuen Wohnort nach. So sehr ich mich auch immer für Luzern engagiert hatte, so sehr mir das Kleintheater und das Atelier-Kino ans Herz gewachsen waren und so viele Spuren aus all meinen Tätigkeiten ich in dieser Stadt hinterlassen hatte, musste ich doch ganz eindeutig den Entscheid fällen, nicht in diese schöne Stadt zurückzukehren.

Die Rückkehr aus den Vereinigten Staaten sollte einem wirklichen Neuanfang entsprechen. Vielleicht hatte ich ja schon ein bisschen die amerikanische Mentalität angenommen: *»Wenn das Leben im Wandel ist, müssen sich auch die Dinge wandeln, die das Leben umgeben.«*

Ich zeigte Niccel die Schweiz, vom Jura bis zum Bodensee, vom Genfersee bis ins Bündnerland. Sie war seit jeher ein grosser Fan der Schweiz. Sie liebt die zurückhaltende, aber sehr herzliche Mentalität der Schweizer, schätzt die Überschaubarkeit dieses Landes und freut sich jedesmal wie ein Schneekönig darüber, dass man noch im kleinsten Dorfrestaurant fabelhafte Menus serviert bekommt.

Der Entscheid, wo genau in der Schweiz wir uns niederlassen wollten, hing aber nicht von gastronomischen Aspekten ab.

Seit meiner KNIE-Tournee im Jahre 1977 war ich sehr angetan von der Genfersee-Region. Die Ortschaft Rolle gefiel mir sehr gut, aber auch St. Prex, Nyon und einige andere Orte entsprachen sehr meinem Geschmack.

Ein befreundetes Paar machte uns 1998 auf das Musical »Elisabeth« in Wien aufmerksam. Wir verbrachten zusammen ein schönes Wochenende in dieser Stadt, waren begeistert von dem Musical und sehr berührt von Sissi's Lebensgeschichte und ihrem traurigen Schicksal.

Zwei Wochen später fuhren wir mit dem Auto von Montreux nach Martigny, um in der *Fondation Gianadda* eine Ausstellung zu besuchen. Auf dem Hinweg fiel uns in Territet ein weisses Denkmal auf, das Sissi sehr ähnelte. Wir hielten also auf dem Rückweg dort an und stellten fest, dass wir uns nicht geirrt hatten. Sissi hat oft ihre Ferien in Territet verbracht und wollte sich auch gerade auf den Weg nach Territet machen, als man sie in Genf ermordete. Schnell machten wir ein paar Fotos von der Statue. Als wir uns dann wieder zum Auto begeben wollten, sahen wir ein fünfstöckiges Haus vor uns, das gerade totalrenoviert wurde. An der Fassade hing ein grosses Banner mit der Aufschrift »40 Eigentumswohnungen zu verkaufen«. Irgendwie haben wir dieses Gebäude sofort in unsere Herzen geschlossen, obwohl es zu diesem Zeitpunkt noch in einem ziemlich miserablen Zustand war.

Für die ursprünglich sehr schöne Architektur des 1913 errichteten Hauses waren zwei belgische Architekten verantwortlich. Vom Haus aus sieht man direkt auf den Genfersee und auf die Berge. Was aber fast das Schönste war, das Haus trug seit jeher den Namen »Riant Château«, lachendes Schloss.

Wir telefonierten, vereinbarten einen ersten Termin mit den zuständigen Leuten, überlegten kurz, planten, kauften, warteten und zogen schliesslich eineinhalb Jahre später ein.

Die Gemeinde Territet gehört zu Montreux, das

Ihnen vielleicht durch sein alljährliches *Jazz Festival* ein Begriff ist.

Zu guter Letzt hat jetzt die Montreux-Oberlandbahn die »GOLDENPASSLINE« (*Best of Swiss Panoramic Trains*) ins Leben gerufen, die die beiden Tourismus-Konkurrenzstädte Luzern und Montreux durch einen Schienenstrang miteinander verbindet. So bleibe ich also immer verbunden mit meiner Vaterstadt Luzern – und das nicht nur via Schiene!

★ ★ ★ Es nimmt kein Ende

Die Druckerei benötigt vier Wochen, um so ein Buch fertig zu stellen. Vorher muss aber alles noch mindestens zweimal Korrektur gelesen und korrigiert werden. Ich hatte mir also vorgenommen, bis spätestens Ende Juli den Text für das Buch abzuliefern, damit es auch wirklich ab Ende September im Buchhandel erhältlich ist.

Niccel hat im Juli meinen Büroplatz eingenommen. Trotz allgemeiner Ferienzeit flatterten täglich via E-Mail, Fax, Telefon und Briefpost neue Anliegen, Wünsche und Vorschläge herein. Zudem koordinierte sie die Lesungen für den kommenden Herbst.

Hier ein paar der wichtigsten Anfragen, die innerhalb von 30 Tagen bei uns eintrafen:

Ein deutscher Fernsehsender ruft an, und fragt, ob ich für zwei Circussendungen den Moderator in der Montur eines Circusdirektors machen würde. Sie hätten ihren Kandidaten entlassen müssen.

Eine TV-Firma aus München möchte, dass ich Gast bei einer »Fliege«-Sendung bin.

In einem Film über den Clown Grock soll ich die eine Hälfte eines siamesischen Zwillings spielen.

Die Tessiner Zeitung »azione« benötigt für einen Artikel Info-Material über Emil und Niccel.

Eine Casting-Agentur fragt, wie man mit mir Kontakt aufnehmen könne.

Ein deutsches »Amt für Ideen« möchte mich für Kultur-Events in der Schweiz engagieren.

Eine Frau möchte mir ihre illustrierte Kindergeschichte zur Beurteilung zuschicken.

Eine Event-Organisation in der französischen Schweiz wünscht eine engere Zusammenarbeit und sucht das Gespräch mit mir.

Eine Zeitschrift möchte eine Leseaktion für Niccels Buch »ich bin fröhlich« einfädeln.

Für eine Schweizerische Institution in Luzern soll ich für eine Spendenaktion meinen Namen geben.

Eine Fachschule für Tourismus möchte mich als Berater für einen Kongress, aber auch als Referent engagieren.

Die welsche Zeitung »terre & nature« möchte von mir einen Text zum Thema Kühe haben.

Aus Zürich kommt eine Anfrage, ob ich im Herbst eine Versteigerung für einen guten Zweck durchführen könnte.

Ein ehemaliger Schulkollege meint mich davon überzeugen zu müssen, dass ich wieder aktiver werden und mit ihm Dokumentar-Spots zum Thema Internet-Technik drehen sollte.

Es kommt die Anfrage, ob ich morgens um neun Uhr eine Lesung machen könnte.

Im Wallis soll ich zusammen mit Niccel einen Unterhaltungsabend bestreiten.

Für einen Dokumentar-Film über Mani Matter kommt eine Interview-Anfrage.

Ich werde angefragt, ob ich Ende Oktober bei einem Fest helfen könnte, 500 Liter Süssmost für einen guten Zweck zu verkaufen.

Die Feuerwehr von P. wünscht sich meine Anwesenheit bei einem Galaabend.

Ein Film-Drehbuch wird mir zum Lesen zugestellt.

Ich werde gefragt, ob ich nicht gleich den Grock selber spielen könnte, anstelle des siamesischen Zwillings.

Ein Möbelschreiner benötigt für seine Abschlussarbeit ein Interview mit mir.

Für ein Filmprojekt möchte man die Erlaubnis haben, Emil-Nummern von meiner KNIE-Tournee einzuspielen.

Ein Zeltfestival in Bayern fragt an, ob ich auftreten würde.

Für eine Zeitungs-Umfrage möchte man mich bezüglich des Freilichttheaters »Rousseau & Mozart« interviewen.

Ich werde angefragt, ob ich an einem Sponsorenschwimmen teilnehmen würde.

150 Bücher werden mir zum Signieren zugestellt.

Eine Innerschweizer Buchhandlung bittet um eine Lesung.

Man fragt, ob ich mich für eine Image-Kampagne einer Schweizer Institution zur Verfügung stellen würde.

Eine Talkshow in Luzern lädt mich ein.

Ich soll drei Bücher für eine Verlosung nach Stuttgart schicken und die Verlosung gleich noch selbst durchführen.

Eine deutsche Firma bittet mich um eine legale Emil-Anrufbeantworter-Ansage.

Eine Zeitung aus Deutschland möchte eine Lesung in einem Kultur-Café veranstalten.

Auf einer Herbstmesse soll ich eine Lesung mit anschliessender Diskussion durchführen.

Eine Deutsche Filmproduktionsfirma möchte eine Serie über alltägliche Gegenstände und deren Entstehung machen und wünscht mich als Präsentator.

Ein Lions-Club möchte ein Gespräch mit Niccel und mir, mit gleichzeitiger Aufzeichnung für einen lokalen Radio- und Fernsehsender.

Man bittet mich um einen Sponsorenbeitrag für die Jassmeisterschaft der Schweizer an der Costa Brava.

Das welsche Fernsehen möchte eine Sendung machen zum Thema »Worüber lacht Emil?«

Es ist klar, dass ich in diesen 30 Tagen nicht nur konzentriert schreiben konnte. Immer wieder wurde ich aus meiner New Yorker Gedankenwelt herausgerissen.

Niccel hat soeben das Plakat für meine Lesungen auf dem Computer druckfertig gemacht. Sie liest meine Manuskripte und bringt erste Korrekturen an. Sie kontrolliert auch alle Namen, Örtlichkeiten und Begriffe. Immer wieder kommen mir neue Ideen in den Sinn. Manuskript ergänzen, wieder korrigieren. Draussen scheint währenddessen die Sonne. Herrliches Wetter! Niccel verschickt die einzelnen Texte via E-Mail zum Korrekturlesen. Am nächsten Tag kommen die korrigierten Blätter via Fax zurück. Nochmals Korrekturen vornehmen. Titel ausdenken, Reihenfolge der Texte festlegen, Buchdeckel gestalten – und gleichzeitig kommen täglich neue Anfragen herein, aber wir tun für einmal so, als wären wir in den Ferien.

Es ist Anfang August. Der Drucker ruft an und gibt uns den exakten Terminplan durch. Es wird eng.

Ich schreibe diszipliniert weiter. Schon wieder ist es Mitternacht. Wir löschen die Lichter, gehen zu Bett, ruhen uns aus und träumen von unseren nächsten Ferien – im Big Apple?

11. September 2001

Wir machen die letzten Korrekturen am Manuskript.
Nachmittags um drei Uhr klingelt das Telefon.
Mein Sohn Philipp sagt, wir sollten CNN im Fernsehen schauen.
Es folgen drei Stunden, in denen wir völlig fassungslos, schockiert und wie gelähmt vor dem Fernseher sitzen.
Zwei entführte Passagierflugzeuge haben sich in die beiden Türme des World Trade Centers gestürzt.
Die Twin Towers fielen kurze Zeit später in sich zusammen und unzählige Menschen erlitten einen schrecklichen Tod.
Ein drittes entführtes Flugzeug stürzte in Washington über dem Pentagon ab.
So viele Fragen. Keine Antworten. Weltweite Bestürzung und Trauer.
Wunderbares New York, das Menschen aus über hundert Nationen beherbergt, zusammenführt und in Frieden miteinander leben lässt, wie konnte das passieren?
Das hast du nicht verdient.
Das hat niemand verdient.
Wir finden keine Worte für unseren Schmerz.

Emil & Niccel Steinberger

Emil Steinberger, geboren am 6. Januar 1933 in Luzern, bevorzugte es lange Zeit, sein Kabarett als Hobby zu betreiben. So war er gleichzeitig Postbeamter, später Grafiker, dann Gründer des Luzerner *Kleintheaters* und Erbauer und Leiter des *Atelier Kinos* in Luzern. Bis dann die Nachfrage nach *Emil* in Deutschland so gross wurde, dass er all seine anderen Berufe aufgeben musste.

1977 trat Emil eine ganze Saison lang im Circus KNIE auf, 1978 spielte er eine Hauptrolle im Film »Die Schweizermacher« und später auch Rollen in anderen Filmen. 1980 fand die Premiere seines Programms »Feuerabend« statt, mit dem er bis 1987 unterwegs war. Mit »Une heure avec Emil« und »Feu et Flamme« begeisterte er auch die Französisch sprechenden Schweizer.
Im November 1987 beendete Emil seine Karriere als Kabarettist. Es folgten verschiedene Aufträge aus der Werbebranche.
1993 beschloss Emil, nach New York zu ziehen, um wieder einmal Mister Nobody sein zu können. 1999 kehrte er, verheiratet mit Niccel, in die Schweiz zurück und wohnt seither am Genfersee.
1999 erschien Emils Buch »Wahre Lügengeschichten«, das 100000 mal verkauft wurde. Im Jahr 2000 gründeten Emil und Niccel einen Verlag, die Edition E, und gaben ein Jahr später als erstes Buch Niccel Steinbergers »ich bin fröhlich« heraus.
Im Herbst 2001 erschien in der Edition E das Buch »Emil via New York«, das Sie gerade in den Händen halten.

Emil Steinberger erhielt 1971 von der Stadt Luzern den Anerkennungspreis, 1979 den *Deutschen Kleinkunstpreis*, 1986 den *Münchner Karl-Valentins-Orden* und wurde 1988 von der Schweizerischen Gesellschaft für Theaterkultur mit dem *Hans-Reinhart-Ring* ausgezeichnet. 1996 verlieh ihm die Stadt Luzern die Ehrennadel für seine kulturellen Aktivitäten. Und es folgten ab 2003 die *Goldene Ehrenrose* von Montreux, der *Oertli-Preis,* der *Göttinger Elch* und 2005 der *Salzburger Ehrenstier.*

Die Bücher »Emil«, »Emil im Circus« und »Feuerabend« sind vergriffen. CD's und DVD's seiner Programme sind auf dem Markt erhältlich. Emil als Erzähler mit seiner »Kabarettistischen Lesung« können Sie auf Schweizer Dialekt und auf Schweizer Hochdeutsch (CD/DVD) hören und sehen. Ebenso gibt es Emil in der Rolle des Erzählers auf den Astrid-Lindgren-Cassetten und -CD's »Immer dä Michel« und »Karlsson vom Dach« (Schweizer Dialekt/TUDOR).
Aktuelle Informationen von und über Emil finden Sie auf seiner Webseite: **www.emil.ch**

Emil Steinberger

Vraies histoires fausses

Traduction du livre
»Wahre Lügengeschichten«
136 pages, Hardcover
(sans photos)
ISBN 3-905638-06-1
CHF 28.– / € 19.–

www.emil.ch

Emil a écrit une trentaine d'histoires pour nous raconter quelques-uns de ces souvenirs les plus marquants. Mais il n'avait pas toujours envie de dire la vérité. Il reconnaît avoir menti. Combien de fois ? Disons que les cinques doigts d'une main ne suffisent pas à énumérer les histoires inventées. Il faudrait au moins un doigt de plus …

Jusqu'à aujourd'hui 100.000 personnes ont lu ses histoires et ont bien aimé se glisser dans la peau de Miss Marple ou de l'Inspecteur Columbo. Est-ce que vous êtes un bon détective ? Etes-vous capable de trouver les six histoires qui sont des mensonges ? Mais n'oubliez pas, lorsque Emil ment, c'est toujours pour rire.

EDITION E

www.edition-e.ch

Case postale 115
CH – 1820 Territet

Niccel Steinberger

chmagdi

Gedichte und Schmelzwörter

140 Seiten, Hardcover
mit Illustrationen
ISBN 3-905638-08-8
CHF 23.– / € 15.–

www.niccel.ch

»chmagdi« ist ein Schmelzwort und heisst »ich mag dich«. In diesem speziellen Gedichtband offenbart Niccel viel über ihre innere Welt, vor allem über die Liebe, über Beziehungen aber auch über andere Gefühle, immer gewürzt mit einer guten Prise Humor oder Ironie. Mit Schmelzwörtern illustriert – einer ganz neuen Kreation von Niccel –, ist dies nicht nur ein Buch für Verliebte, sondern ein Geschenkbuch für alle Menschen, die man gern mag.
Wer weiss, vielleicht regt Sie das ein oder andere Schmelzwort zu einer ganz neuen SMS-Variante an.

EDITION E

www.edition-e.ch

Case postale 115
CH – 1820 Territet